ROBERTO & LILY

CB124205

ROBERTO & LILY

por Lily Marinho

EDITORA RECORD
RIO DE JANEIRO • SÃO PAULO
2004

CIP-Brasil. Catalogação-na-fonte
Sindicato Nacional dos Editores de Livros, RJ.

Marinho, Lily
M85r Roberto & Lily / Lily Marinho; tradução de Maria de Fátima Oliva Do Coutto. – Rio de Janeiro: Record, 2004.

ISBN 85-01-07166-8

1. Marinho, Lily. 2. Marinho, Roberto, 1904-2003.
I. Título.

04-2725 CDD 869.98
CDU 821.134.3(81)-94

Copyright © 2004 by Lily Marinho

Projeto gráfico de miolo, capa e encarte: Folio Design

Tradução e preparação de originais: Maria de Fátima Do Coutto Oliva

As fotos do encarte pertecem ao arquivo pessoal de d. Lily Marinho e têm os direitos reservados aos seus devidos autores. No entanto, nem todos os fotógrafos form localizados. A Editora garante dar os devidos créditos na próxima edição, caso sejam identificados.

Foto de capa: Dario Zalis / Quarta capa: Vanitty Fair

Encarte: 64 (Isac Cruz); 76 (Jorge Bauman); Foto 1 (Marcelo Faustini); Foto 67 (Marco Antonio Teixeira); Foto 48 (Ricardo Leoni); Fotos 28 e 75 (Sergio Zalis/Caras); Foto 44 (Viola Junior); *Agência O Globo:* 33 (Carlos Ivan); 43, 46, 47, 55 e 61 (Cezar Loureiro); 31, 54 e 58 (Guto Costa); 53 e 66 (Ivo Gonzales); 59 (Jorge Peter); 49, 57 e 60 (Leonardo Aversa); 40 e 42 (Marcos Ramos).

Todos os direitos reservados. Proibida a reprodução, armazenamento ou transmissão de partes deste livro, através de quaisquer meios, sem prévia autorização por escrito.

Direitos exclusivos deste edição reservados pela
DISTRIBUIDORA RECORD DE SERVIÇOS DE IMPRENSA S.A.
Rua Argentina 171 - Rio de Janeiro, RJ - 20921-380 - Tel.: 2585-2000
que se reserva a propriedade literária desta tradução

Impresso no Brasil

ISBN 85-01-07166-8

PEDIDOS PELO REEMBOLSO POSTAL
Caixa Postal 23.052
Rio de Janeiro, RJ - 20922-970

CÓPIA NÃO AUTORIZADA É CRIME
ABDR
ASSOCIAÇÃO BRASILEIRA DE DIREITOS REPROGRÁFICOS
RESPEITE O DIREITO AUTORAL
EDITORA AFILIADA

A nossos netos

A todos aqueles que perderam a esperança de encontrar o ser amado. Que leiam este livro como um testemunho e a prova de que o amor pode bater à nossa porta — mesmo quando não mais acreditamos nessa possibilidade! Mas é preciso manter o coração vivo e a porta entreaberta...

A renda deste livro será doada à Pastoral da Criança.

Agradecimentos

Agradeço a Romaric S. Büel pelo apoio e colaboração, que me foram preciosos para a redação deste livro, assim como a Maria de Fátima Oliva Do Coutto por ter conseguido traduzir, com delicadeza e precisão, o que eu trazia no coração. Quero expressar meu contentamento pelas tardes que nós três passamos juntos, nas quais ouvia, emocionada, a leitura do meu texto, em português.

Sumário

Cosme Velho,
3 de dezembro de 2003,
9 horas da manhã.

Roberto faria hoje 99 anos. Nesta quarta-feira de verão, nos reuniríamos à noite, com sua família e seus amigos, para festejar a entrada de seu centenário, mas Deus não quis assim!

Desde 6 de agosto, dia de seu falecimento, a profunda tristeza e a dor que tomaram conta de mim jamais me abandonaram. Consegui apenas apaziguá-las um pouco, para evitar que não me impedissem de viver de sua lembrança, de manter viva sua lembrança.

Durante mais de 14 anos fui uma mulher feliz, apaixonada, plenamente satisfeita. Havia esquecido que Roberto, no dia do casamento, não era mais um homem jovem. Além disso, ele não dizia nunca "quando eu morrer" e sim "se um dia eu morrer".

Foi a força de nosso amor? Terá sido a sua extraordinária personalidade a me fazer esquecer que, um dia, um de nós dois poderia desaparecer antes do outro?

Hoje pela manhã, ao me levantar, antes de me dirigir a seu túmulo, no cemitério São João Baptista, tomei a decisão de reunir algumas recordações e de colocar no papel alguns dos seus traços mais marcantes, algumas das histórias que conservei intactas em minha memória. Havia muito tempo vinha amadurecendo a idéia, ao longo das intermináveis horas de insônia, na solidão da noite que passou a ser minha tribo, de render uma homenagem, decerto bem modesta, a Roberto, meu querido marido.

Terá sido porque seria esta quarta-feira, 3 de dezembro, o dia de seu aniversário, que tive a força de começar este relato, como que para lhe oferecer, além da morte, uma demonstração suplementar de minha ternura e fidelidade? Não tenho a resposta. Espero apenas que o testemunho me permita deixar a nossos netos, a quem dedico este livro, a oportunidade de conhecer melhor o avô. Ofereço-o também a todos aqueles que, bem mais velhos, crêem, por vezes, terem sido abandonados pela sorte. Este livro deveria lhes devolver a esperança, pois é a prova de que o amor e a ternura podem ainda bater à nossa porta, nas horas tardias da vida; serve também para possibilitar uma melhor compreensão da história de um casal feliz, uma verdadeira história de amor, nossa história.

I

6 de agosto de 2003

A quarta-feira, 6 de agosto, começou, no Cosme Velho, igual a todos os outros dias. Nada nessa manhã me fazia supor...

O dia estava bonito, talvez um pouco quente para o inverno, entretanto nada de extraordinário. A grande casa tinha acordado, como de hábito, por volta das sete horas. Pedimos que trouxessem para nosso quarto a última edição de *O Globo*, bem como os principais jornais do Rio e dos outros estados do Brasil. A mesma rotina agradável prosseguia, o que me permitia, havia 14 anos, tomar o café-da-manhã com Roberto, perguntar-lhe como havia passado a noite, gracejar com as cicatrizes decorrentes de uma lastimável queda, um ano antes, que como conseqüência deixara ainda mais frágil sua perna direita. Ele estava bem. Eu, longe de imaginar que, algumas horas mais tarde, às 13:20 para ser mais exata, mergulharia num pesadelo. No final do dia, o terrível desfecho anunciado por um cirurgião de expressão triste e voz entrecortada:

— Madame, seja forte, seu marido faleceu.

Foi assim que, numa sala de cirurgia de um hospital localizado na Zona Sul do Rio, chegava ao fim a fabulosa existência de um brasileiro fora do comum, a quem o país inteiro renderia uma excepcional e comovente homenagem nos dias que se seguiram.

Mas, nesse momento do dia, eu ainda era a única pessoa, além de João Roberto e José Roberto, seus filhos mais moços, a ter conhecimento da terrível notícia: meu querido Roberto, meu tão amado marido, o pai tão admirado de três filhos atenciosos e afetuosos acabava de nos deixar...

Soube depois, e isso me vem à memória como num sonho, que em meu atordoamento me dirigi ao bloco do hospital onde estavam localizadas as salas de cirurgia, sem nem sequer pedir autorização ao médico, deixando meus dois enteados estupefatos. Como um autômato, fui ter com ele, dizendo, me parece, para surpresa geral:

— Quero vê-lo. Quero estar a seu lado.

Nada naquele instante poderia me deter: nem as palavras aflitas do cirurgião me advertindo, sem que eu lhe desse atenção, de que seu corpo ainda estava na mesa de cirurgia, entre tubos, bisturis, instrumentos aterrorizantes usados na derradeira tentativa de salvar da morte Roberto Marinho, meu Roberto.

Todos os esforços, nesses momentos fatais, se mostraram em vão. Sua hora havia soado, como se diz em francês. Entretanto, tudo foi tentado. Não o haviam ressuscitado três vezes, em nossa casa, antes de poderem transportá-lo ao hospital? Foi necessário massagear seu coração, fazer respiração boca-a-boca, até finalmente tomarem a decisão de operá-lo. Em vão... Estava escrito que aquele seria o dia da nossa separação neste mundo, que eu nada poderia fazer a não ser esperar que chegasse a minha hora, para revê-lo e, dessa vez, ficarmos juntos... por toda a eternidade.

Foi assim, em meio ao sobressalto e à surpresa, que vivi o desaparecimento daquele que eu não sabia capaz de um dia partir. Esse ser tão querido que muitos diziam ter sido, para minha felicidade, esquecido pela morte. Que nada! A foice, com sua terrível lâmina, acaba por se lembrar, cedo ou tarde, de todos nós! Ela desempenha seu sinistro papel, sem escutar súplicas ou prantos.

Roberto era um homem de saúde inabalável. A operação na perna para a colocação de pinos metálicos e uma outra intervenção cirúrgica mal haviam alterado seu estado geral. Ele era motivo do meu orgulho, da admiração de sua família e de seus amigos. Aos 98 anos, sentindo apenas um pouco de fadiga e a memória por vezes um pouco falha, era uma ótima companhia, um parceiro fantástico, engraçado, inteligente, com freqüência ciumento, sempre amoroso. Em resumo, um marido maravilhoso.

Desejo àqueles que algumas vezes perdem a esperança na vida, nos sentimentos, nos homens e nas mulheres, que se lembrem da existência do milagre. O que vivi, o meu milagre, foi, sem dúvida, mais excepcional, mais luminoso, mais forte que os que me haviam sido narrados, mas também é a prova de que é preciso acreditar que a vida pode nos trazer a felicidade, quando já não mais a esperamos ou, até mesmo, quando não mais a julgamos possível. É verdade: o que a vida nos dá ela toma, voraz, nos deixando desamparados na mesma proporção em que nos tiver mimado.

Durante a longa vigília que teve início no final do dia 6 de agosto e que ainda não teve fim, pensei e ainda repenso na minha vida, uma vida já bastante plena.

II

Alemanha, França e Inglaterra...

Minha origem familiar é, juro, ao mesmo tempo simples e complicada. Simples porque hoje é comum crianças nascidas de casamentos entre pais de nacionalidades européias diferentes. Quando nasci, em algum período entre as duas grandes guerras, isso era uma exceção. Hoje tal não acontece, mas, há alguns poucos decênios, podia representar uma montanha de obstáculos.

Examinemos esse ponto um pouco mais detalhadamente. Mamãe é francesa. Papai, de origem anglo-saxônica. É verdade que, desde o início do século passado, reina a paz entre os dois grandes inimigos, mas, nas famílias tanto de um lado do Canal quanto do outro, os espíritos ainda não haviam chegado ao estágio da "Entente Cordiale", acordo que pôs fim a séculos de guerras e rivalidades.

Para uma francesa, não há país mais exótico que a Inglaterra. Pensem um pouco: *Sunday closed! Fog!* Circulação dos automóveis à esquerda! Proibida a entrada de mulheres nos clubes! Pudim inglês e taça de chá! A Rainha! Os princípios puritanos! Creio haver mais diferença entre um francês e um inglês do que entre um francês e um brasileiro. Papai, graças a Deus, era oficial do exército e jornalista, o que, a princípio, predispõe a viagens, mas daí a deliciar-se com rãs e *escargots*? Por que não até gafanhotos?

Meu pai havia recebido uma educação vitoriana, bem mais severa que a francesa, na qual as crianças gozavam de mais intimidade com os pais do que na Inglaterra. Não podemos também deixar de levar em conta que a educação das moças francesas era bem menos triste que a de minhas primas distantes, habitantes do outro lado do Canal da Mancha! Na França, pelo menos, as mulheres deviam saber cozinhar e falar com uma cozinheira. Qualidade indispensável; superior à de saber discorrer, indefinidamente, como os ingleses, sobre o tempo. Sou testemunha de que os franceses podem falar, até perder a voz, do rim de vitela, da iguaria feita com carneiro criado em campos salgados, o que torna desnecessário o uso do sal, já que a carne é naturalmente salgada, de *foie gras*, da manteiga de Echirée, do azeite de oliva da Provence, do chouriço de Vire, do *camembert* da Normandia, da torta Charlotte de pêras ou de Paris-Brest (nome de um bolo que soa estranho, para quem não é francês, pois faz pensar num trajeto de trem entre a capital e uma cidade da Bretanha).

Um inglês acha esses pratos deliciosos, quando em viagem, mas daí a torná-los tema de conversação... Quer queiram, quer não, os ingleses sempre pensarão, no mais íntimo de seu ser, que a Ásia começa em Calais!

Mas, para tornar ainda mais complicada uma situação na época pouco corrente, não nasci — circunstância agravante — nem na Inglaterra nem na França, mas, vejam só, em Colônia, na Alemanha. Isso não era corriqueiro. Conheço, entretanto, caso um pouco semelhante ao meu. Perdoem-me pelo "pouco", já que se trata de Valéry Giscard d'Estaing, que, pelas mesmas razões, nasceu numa cidade próxima.

Lembro-me vagamente de que, na época, chamavam seu pai, em certos meios, de senhor "*de-puis peu*", ou seja, "de há pouco", ou ainda de "a mais jovem partícula da França". O motivo da ironia era a pretensão nobiliárquica dessa família de Auvergne, que os fez acrescentar o "de" ao nome. Minha família não tinha tais presunções.

Nascer na Alemanha, nesse período, significava, quando a nacionalidade dos pais era inglesa ou francesa ou uma mistura das duas como era meu caso, que pertencíamos a uma família de funcionários públicos, normalmente de militares. Os aliados ocuparam a Alemanha vencida: eis por que os pais de Giscard e os meus assistiram ao nascimento de seus filhos do outro lado do Reno. Da Alemanha nada herdei a não ser o nome de uma cidade no passaporte. Quanto ao resto, não posso tecer comentários, pois desconheço o idioma. Além disso, representou para mim, durante muito tempo, o país que por duas vezes em um século invadiu a França de mamãe e combateu a Inglaterra de papai. Em 1941 foram eles quem, a partir de uma denúncia, prenderam meu pai e enviaram-no a um campo de concentração. Hoje tudo foi perdoado, e confesso, de bom grado, que a música alemã me desperta grande simpatia, em especial a de Richard Wagner, renegado até hoje por muitos, pelo fato de certos membros de sua família serem simpatizantes do nazismo e por ter, ele próprio, idéias anti-semitas.

Coisa fabulosa é o destino que nos guia e nos maltrata. A guerra rondava. Havia vários anos escutávamos o barulho de botas em toda a Europa. A remilitarização do Ruhr, a Guerra Civil Espanhola, o Anschluss, os discursos imperialistas de Mussolini... Todas essas tensões só poderiam gerar um conflito. Tinha eu consciência dessa situação?

O encontro com um brasileiro devia mudar o curso da minha jovem vida. Mal havia saído da adolescência quando Horácio me pediu em casamento. Ele era quase 15 anos mais velho. Elegante, inteligente e charmoso. Não hesitei quando pediu que me tornasse sua esposa. Acreditava estar apaixonadíssima, e estava, sem dúvida. Hoje, ao pensar e refletir sobre o passado, me questiono bastante. Não tomei essa decisão sozinha; meus pais, a princípio relutantes, acabaram por aceitar. Sei que não foi pela vontade de escapar a uma criação severa por eles imposta ou pela atração por um país desconhecido, tropical e portanto exótico. Afinal, o que levou esta francesa de Colônia a embarcar num navio em Cherbourg para o Rio em 1939? O amor; simplesmente o amor. Impressionante com que felicidade e facilidade me tornei brasileira, carioca.

Confesso que escapei aos horrores da Segunda Guerra Mundial, que teria início três meses depois, deixando meus tão amados pais, abandonando a França, onde havia sido educada. Parti rumo a um país desconhecido do qual ignorava língua e particularidades. Deixava para trás mil lembranças juvenis de férias passadas na Bretanha, em Loctudy, de noites na Comédia Francesa a escutar Madeleine Renaud representando no idioma de Molière como não se ouve mais hoje, de pequenos restaurantes aglomerados em torno de Les Halles, construção projetada pelo arquiteto Baltard em ferro fundido, hoje destruída, onde saboreávamos pratos típicos.

O que mais lamentava abandonar não eram meus amigos e sim mamãe, minha tão amada mãe. Ela era um ser humano notável, cheia de exigências tanto em relação a si mesma quanto em relação aos outros e, portanto, a mim. Era alegre, afetuosa, elegante, inteligente.

Lembro-me, como se tivesse sido ontem, quando numa manhã de junho lhe pedi autorização para partir em uma longa viagem, uma viagem em direção a um mundo ignorado. A princípio, havia sido combinado que Horácio, meu noivo, iria para Paris, onde seria celebrado nosso casamento, mas foi preciso alterar os planos. Na época o Brasil era pouco conhecido na Europa; bem menos que a Argentina. O Rio de Janeiro era para muitos de nós um lugar maravilhoso e exótico onde os navios faziam uma escala, a caminho dessa outra Europa, cuja capital seria Buenos Aires. O amor me aguardava no Rio de Janeiro, e era ele a mola propulsora. A sede de ver o mundo, a curiosidade de criança que fecha os atlas e os romances de aventura sonhando com uma longa viagem não tinham para mim papel importante. Nunca, na verdade, tive grande curiosidade em descobrir o mundo.

— Você pode partir, aceito seu pedido, mas não venha depois chorar caso seu casamento não dê certo.

Fiquei sem voz. Foi a última grande lição que recebi de minha mãe. Aprendi-a muito bem. Fiz tudo para que meu casamento desse certo — e obtive êxito.

III

Um dia de 1939

Cheguei ao Brasil, proveniente da França, três meses antes do início da guerra, para me casar com Horácio de Carvalho, com quem vivi durante 45 anos.

Quando deixei a França, em 1939, do porto de Cherbourg, que, assim como o de Havre, era à época a grande porta em direção à América, num daqueles grandes transatlânticos, não era nem mesmo uma adulta. Confesso que a bela sala de jantar do navio e minha bonita cabine em mogno não aplacaram meus escrúpulos quanto à saudade e tristeza. Estava, com certeza, livre do zelo de meus pais. Isso poderia me deixar aliviada, mas, pelo contrário, fui por vezes invadida pela vontade de regressar. Superei meus medos, minhas dúvidas. O amor falou mais alto. Seguia rumo a um país de clima quente e exuberâncias, tanto em natureza quanto em sentimentos. Viveria numa cidade que mal conhecia, senão, ironicamente, pela famosa ária do brasileiro cantada na opereta *A vida parisiense*, de Offenbach. Contudo essa visão caricatural não poderia corresponder, absolutamente, à realidade.

O que aconteceria comigo? Como seria minha vida nos trópicos? Sonhava com o amor, com minha casa, com meus futuros amigos. Horácio queria ter filhos, eu então pensava constantemente no enxoval de noiva que havia comprado em Paris e nos dos bebês. A essa travessia seguiram-se tantas outras... Mas a primeira guarda o sabor da descoberta, o gosto bem particular da primeira grande ansiedade.

A bordo, senhores e senhoras elegantes, dentre eles Jean Manzon e Josephine Baker. Falava-se muito o francês, algumas vezes o inglês, mas também essa língua tão musical, tão bela que é o português do Brasil. Eu ainda não falava o português e me perguntava se seria possível aprendê-lo com facilidade, tanto me soava incompreensível. Adoro esse idioma. Acredito hoje falá-lo e escrevê-lo bastante bem, embora não tão bem quanto a minha língua materna, mas conservei, dizem, um forte sotaque e alguns vícios de linguagem.

Em mais de meio século de Brasil, me foi impossível — logo a mim, uma entusiasta da música — captar o ritmo exato da frase brasileira. Imaginem que, em geral, me é muito difícil não colocar o "e" mudo francês em vez de simplesmente pronunciar o "a". As pessoas que me rodeiam comentam meus erros de pronúncia. Falo português quase todo o tempo e, raramente, minha língua materna. De vez em quando uma palavra me escapa, tanto numa quanto noutra língua, então acabei por criar um dialeto. Assim como existem termos em português que são mais adequados dentro de um certo contexto, o oposto também ocorre, pois existem expressões que dificilmente encontram tradução no português. Por exemplo, "*prendre un rendez-vous*" seria traduzido literalmente por "pegar um encontro". O termo usado em português — "marcar um encontro" — sempre me pareceu mais apropriado. O mesmo ocorre com "*faire des travaux*" (literalmente traduzido como "fazer os trabalhos") enquanto aqui se diz simplesmente "reformar"! Existem palavras e expressões que só existem em uma língua: saudade, madrugada. Habituei-me a meu linguajar e Roberto adorava minha dificuldade de colocar os acentos tônicos nos lugares corretos. Dizia achar muito charmosa minha maneira de falar. Será devido ao meu sotaque que não gosto de falar em público ou à timidez?

E eu, nesse Rio, durante os anos de guerra? Quem era eu? A que, com quem me parecia? Nunca fui boa juíza de mim mesma. Então, antes de tentar revelar algo sobre mim, montemos o cenário! Falemos inicialmente do Rio. No que se refere a mim, deixarei de boa vontade a Roberto a tarefa de narrar, mais adiante, através da minha escrita, o que me contou mais de cinqüenta anos depois.

Quando cheguei ao cais da Praça Mauá, parte da espetacular e maravilhosa coleção de jóias da Baía de Guanabara, o Rio de então era totalmente diferente do de hoje. Fazia calor, muito calor, o que forçava as senhoras a abanarem sem cessar os leques, como se fossem asas de colibris. Nenhuma brisa naquele dia de junho, apesar de um suposto e surpreendente inverno. Podíamos compreender por que vários jovens se banhavam nas águas limpas e transparentes daquele tempo perdido.

A Praça Mauá e a Avenida Central lembravam ainda, vagamente, uma cidade européia, com suas bonitas construções neoclássicas, como a do Clube Naval, ou o imóvel que abriga o Iphan e que escaparam ao atrativo da modernidade — ou seja, à destruição. Ao ver pela primeira vez o

Theatro Municipal, pensei na Ópera de Paris, apenas um pouco menor. Continuando o trajeto, fiquei intrigada com o estranho palácio, uma espécie de grande bolo de casamento, que era o Palácio Monroe. As fachadas dos cinemas como o Odeon, cobertas com grandes cartazes de filmes americanos, davam à Cinelândia um ar de grande bulevar ou, para ser mais exata, de uma Broadway em escala reduzida. Para chegar a Copacabana, onde me instalaria, não existia o Aterro. O Túnel Velho já fora construído e dava acesso a essa parte balneária completamente nova da cidade, onde os Guinle ergueram em 1923, à imagem do Carlton, um belo hotel, o Copacabana Palace. Surgia isolado do resto das construções da Avenida Atlântica. Uma exceção, uma belíssima exceção, todo branco, elegante.

Para os lados do Arpoador, um pequeno morro de pedra em direção à montanha e casas de veraneio baixas e sem estilo definido. Para o Leme, menos construções que no caminho para o Leblon. A praia... Ah, a praia ficava a poucos metros da avenida e, por efeito das marés do equinócio, o vento levava as ondas possantes e a areia até as casas.

Fui conquistada a partir do momento da minha entrada na baía. Essa cidade, sentia no fundo do coração, seria a minha cidade; nela viveria para sempre e estava certa, pelo menos nesse ponto. Nunca vivi, à exceção das viagens à Europa e estadas nas fazendas do Vale do Paraíba do Sul, em Angra e em Petrópolis, em outro lugar.

Na época, mais ainda do que hoje, fosse para fugir do calor no verão ou para cuidar da colheita do café ou da cana, a alta sociedade se instalava em Petrópolis ou em suas fazendas no interior. Lembro-me de ter visto o presidente

Vargas no Palácio Rio Negro ou em visita às grandes mansões da Avenida Ipiranga e da Avenida Koehler. Angra e Búzios não haviam ainda sido arrancadas dos pescadores, à quietude dos vilarejos sem estradas asfaltadas e sem eletricidade do Brasil daquele tempo... Essa imagem me parece tão distante...

IV

A vida de uma carioca recente

As pessoas que compunham a vida social e política apenas começavam a demonstrar interesse por Copacabana. Os deputados, senadores, diplomatas e famílias importantes raramente moravam nos imóveis em construção no Flamengo, dando preferência às grandes mansões do Catete, Botafogo e Laranjeiras. Ipanema e Leblon ainda não haviam sugado a Tijuca. Como era bom passar o final de semana ou as férias nesses bairros...

A exemplo de Talleyrand, afirmando, após a Revolução Francesa de 1789: "Quem não conheceu o Antigo Regime não sabe o que é a doçura de viver", direi, correndo o risco de ser considerada saudosista e nostálgica: quem não conheceu o Rio de então não conheceu a grande arte de viver do carioca.

A cidade recebia os mais diversos tipos de viajantes, os mais inesperados, chegando em navios que aqui faziam escala antes de prosseguirem, geralmente em direção ao Sul. O Rio, capital do Brasil desde 1763, era pura ebulição: parlamentares, jornalistas, ministros, cantores e atores famosos, belas mulheres e diplomatas encontravam-se no Cassino da Urca, no do Quitandinha, em Petrópolis, ou no Cassino Atlântico. Todas as pessoas da sociedade falavam mais francês que inglês e dançava-se trajando vestidos longos no Golden Room ou sobre o assoalho em parquê do Palácio do Itamaraty. Não, não sou nostálgica, cada tempo tem seus defeitos e qualidades, mas foi nesse contexto bem característico, cheio de *glamour*, como se diz hoje, que Roberto me conheceu.

Durante 45 anos fui mulher de um carioca reconhecido por todos como possuidor de qualidades incomuns. Dei-lhe um filho, Horacinho. Mas a vida, o destino, Deus, me arrebatou os dois: primeiro o mais jovem, carne da minha carne, meu filho único, me foi arrancado aos 26 anos. Morreu num estúpido acidente de automóvel, me deixando no sofrimento mais atroz. Alguns leitores saberão do que falo, o que quero dizer ao evocar essa dor terrível. É como se lhe houvessem arrancado a metade; a sensação quase física de terem amputado pelo meio seu crânio, depois o seu tronco e finalmente o resto do corpo.

Permaneci assim anos, atordoada, ferida aberta provocando dores insuportáveis que nos impedem de conseguir conciliar o sono. Se por acaso adormecemos, é para sermos colocadas diante de uma tortura mais pungente, enrodilhada nos meandros de pesadelos ou, pior ainda, de sonhos enganadores que devolvem nosso filho para arrancá-lo, de forma ainda mais cruel, ao despertar. Quantas vezes só consegui dormir ao amanhecer, esgotada pelas horas intermináveis de insônia... Quantas vezes despertei, banhada em suor, chamando em vão seu nome?

Era preciso, sem dúvida, que uma outra criança aparecesse nessa triste paisagem para aplacar a dor das feridas e, graças aos céus, ela chegou trazendo consigo o meu prazer de viver renovado. João Baptista, meu filho adotivo, meu filho, me salvou da angústia e do desespero. Quanto lhe devo! Sei melhor do que qualquer um... Eu o abençôo todos os dias por sua ternura e afeição, pela alegria que me proporciona e pela felicidade que tem por nome Anthony, Gabrielle, Felipe e João Victor, os adoráveis netos que me deu.

Repentinamente me veio à lembrança a doença que havia afastado Horácio do mundo, de seus amigos e, cada vez mais, de suas atividades profissionais. Eu mesma me recolhi, pois não cogitava deixar meu marido doente, sob os cuidados de enfermeiras, e continuar a levar minha vida sem ele. À medida que passou a ficar mais tempo em casa, sem que jamais me pedisse, decidi não mais sair e me dedicar inteiramente a ele.

Não vejo nenhum mérito nisso: sou assim, eis tudo. Não existe em mim uma luta interior, um combate, como observo em outras mulheres. Quase contra a minha vontade, o marido absorve toda minha energia, meu tempo, meu devotamento. Sua doença evoluiu durante vinte anos. No início ainda precisávamos viajar vez por outra, mas, gradualmente, não tive mais contato com o mundo exterior, exceto através de alguns amigos que privavam da nossa intimidade e da companhia, bem impessoal, dos jornais e da televisão.

Tive como me preparar para a sua morte, dirão, sabendo que ele estava condenado. Na realidade, foi preciso muito tempo até aceitar seu desaparecimento e a solidão que se seguiu. De um dia para o outro, renunciar a fazer qualquer coisa, a qualquer gesto, a tomar decisões das quais depende o bem-estar de um doente. De um dia para o outro, sentir-se impotente, sem ter que lutar por ninguém a não ser por si mesma... Felizmente João Baptista estava a meu lado com suas exigências de filho amado e inquieto. Pela segunda vez, meu filho me tirou do fundo do poço. Novamente, devo a ele ter encontrado a coragem e o gosto pela vida.

Quando Horácio me deixou só com João Baptista, depois de longos meses de doença e anos de declínio, após 45 anos de casamento, fiquei profundamente abalada. Ele havia sido, apesar dos altos e baixos inerentes a quase meio século de vida em comum, um bom marido. Eu havia vivido à sua sombra, muito atenta a seus desejos e a suas recomendações. Aprendi muito sobre a vida, sobre a espécie humana. Às vezes as lições foram penosas, freqüentemente severas, sempre instrutivas. Horácio, homem influente, eminência parda, apaixonado pela política, havia se casado comigo quando eu tinha acabado de completar 17 anos. Ele já era conhecido e respeitado por todos aqueles que tinham importância na capital brasileira de então. A imprensa, os negócios, o futuro do país eram sua paixão. Recebia, em nossa casa em Copacabana, ministros, embaixadores, banqueiros, estrangeiros de passagem...

Mas qual havia sido o meu papel, o meu lugar nessa vida tão fascinante e plena? Antes mesmo de tentar responder, seria preciso poder me lembrar de mim mesma. Quem era eu? Como eu era ao chegar da França? Certamente não era uma brasileira, muito menos uma carioca. É claro que me tornei uma antes do que imaginei, mas na época era ainda uma jovem européia. Minha mãe optara por me dar uma educação francesa em vez de formar-me segundo a tradição inglesa. Papai havia sido oficial do exército britânico e foi numa Alemanha ocupada que, por acaso, nasci. França, Inglaterra e Alemanha: com esses três países como padrinhos de meu futuro, eu não estava, a princípio, destinada a tornar-me uma americana... Uma sul-americana... Uma brasileira. Mas o destino já tomava suas providências....

Mamãe veio ter comigo logo em seguida à minha chegada. Deixamos um pai, no contexto do início da Segunda Grande Guerra, quase aliviado ao ver sua família partir. Sem dúvida acreditava, como muitos, que o conflito seria curto e que nós três (Horácio, mamãe e eu) voltaríamos em breve para Paris. Ele não imaginava que, ao pousar os pés na Praça Mauá, eu me casaria não só com um brasileiro mas também com o país. Entretanto foi exatamente o que aconteceu. Depois disso, nunca sequer sonhei em deixar esta terra... Nunca!

O amor que senti pelo Brasil, a certeza de que este seria o meu país para sempre já tinham fincado raízes em mim quando Roberto cruzou meu caminho pela primeira vez, no Copacabana Palace, em 1941.

V

Lembranças

Para minha felicidade, mamãe se uniu a nós, alguns meses após minha chegada ao Rio. Tinha, com a sutileza e a intuição que a caracterizavam, percebido que a guerra podia ser desastrosa para a França, para a Europa! Preferiu partir ao meu encontro. Meu pai não quis acompanhá-la. Seu lugar, pensava, era ao lado dos combatentes. Foi preso dois anos depois, após ter sido denunciado, e trancafiado num campo de concentração. Esteve no campo de Drancy, perto de Paris, lugar de triste memória onde estava reunida a Gestapo, as SS e até mesmo a polícia francesa, que efetuava várias prisões, obediente às ordens dos alemães. Julgamentos e advogados eram inexistentes. Apenas a arbitrariedade e a raiva justificavam as deportações, responsáveis pelo desaparecimento de milhões de pessoas. Durante um longo período, o aspecto sistemático dos extermínios nazistas foi ignorado.

A violência no Brasil é tema de inúmeras discussões e, infelizmente, é uma triste realidade, uma terrível realidade quotidiana, mas as guerras de 1914 e de 1939 mataram, na Europa e na Ásia, milhões de soldados e de civis. Isso não apaga nem diminui a gravidade dos problemas que enfrentamos; apenas os relativiza.

Meu pai não foi preso e deportado por ser oficial inglês, mas por ter sido acusado de ato de resistência. Sobreviveu a esse pesadelo mas saiu esgotado, alquebrado, desse inferno. Havia enfrentado os horrores da Primeira Guerra Mundial, na qual milhões de ingleses, franceses, americanos e alemães foram mortos em nome do absurdo, conhecera a monstruosidade das trincheiras, das queimaduras causadas pelo gás de mostarda, que não deixavam nada a desejar à devastação da gripe espanhola. Mergulhou em novo pesadelo, ainda mais monstruoso que o precedente, capaz de transformar um homem no mais íntimo de sua alma. Os ferimentos em combate podem ser considerados ínfimos, se levarmos em consideração os traumas causados pela falta de humanidade, pelo aviltamento sofrido nos campos nazistas de Auschwitz, de Bergen-Belsen ou de Dachau. Foi o que aconteceu com ele.

Minha mãe, francesa, fora arrancada de seu país, de sua pátria, de seu marido que não tinha outra opção a não ser o combate. Viveu as notícias da derrota e da ocupação nazista em meio ao terror e à ansiedade. Comentava esporadicamente o que poderia acontecer a meu pai.

Voltamos a vê-lo no Rio, depois da guerra. Ai! O que poderia ter sido a manifestação expansiva do sentimento, do afeto e da alegria não passou de uma terrível e penosa prova. Estava abatido e doente. Nada seria capaz de mudar seu estado de espírito. Tinha perdido o gosto pelas coisas e pela vida. Não quis ficar conosco. Deixou-nos para morrer na Europa, alguns meses depois. Mamãe, em nenhum momento, cogitou em voltar a casar-se.

Estranhamente, agora que tanto se discute a importância da família e, em especial, a ligação entre pais e filhas, nos divãs dos psicanalistas, não me lembro de sentir senão medo e respeito por esse homem severo, esse antigo oficial, que me dava a impressão de ser mais apaixonado por seu novo trabalho como jornalista do que por sua filha. Sem sombra de dúvida, estou sendo injusta em relação àquele que me educou com rigor e firmeza. Quem sabe se não devo a suas inúmeras advertências, feitas sem cólera mas num tom que me congelava, ter ao longo de toda a minha vida sabido manter uma atitude e um comportamento, na medida do possível, de rigor e de dignidade? Ainda escuto sua voz, com sotaque tão característico, timbre baixo, tão calmo: "Mantenha-se ereta, ombros para trás, não se fala à mesa."

Redigindo este livro sobre o meu romance com Roberto, percebo que não posso evitar abrir a caixa de Pandora. Essa caixa não se refere apenas à estranha história da mitologia grega, mas a todas as caixinhas e envelopes, onde parecem dormir serenamente as fotos do passado.

Quando comecei a descerrar as caixas na tentativa de me lembrar o mais intensamente possível de todos os bons momentos passados com Roberto, então, como milhares de borboletas multicoloridas, surgiram os bons momentos, acompanhados também dos que não foram tão bons. Ademais, a abertura de uma caixa acaba, forçosamente, por abrir outra, e nesse momento nos damos conta do quanto já vivemos!

Com o que se parecia o Rio quando aqui cheguei? Essas são imagens algumas vezes amareladas pelo tempo, distorcidas, até mesmo rasgadas, que conduzem a uma época bem anterior à minha chegada ao Brasil.

Quando uma história de amor acontece nas idades que eu e Roberto tínhamos, ela não pode ser dividida, separada de toda uma história, de toda a nossa história. Em 1941, quando Roberto cruzou meu caminho e recebeu o "choque", mamãe acabara de chegar ao Brasil. Papai seria feito prisioneiro pouco tempo depois...

Ao abrir esses álbuns experimento alegria e temor. A alegria é mais forte e ocupa um lugar especial. Ela me envolve e me aquece. Revejo aqueles que me eram tão próximos, seus sorrisos, mamãe bonita e elegante, papai em uniforme e eu, ainda bebê, pequenina, adolescente nesse mundo bizarro onde a despreocupação e a elegância das mulheres de Paris reinavam, enquanto, do outro lado, as vozes graves e marciais dos políticos falavam de canhões, fronteiras e reparação.

Ora, mamãe era bonita, francesa, logo feminina, e papai era um homem de verdade, um soldado, mas também um homem de idéias, um escritor. Papai representava uma imagem de autoridade excessiva.

Então, intempestivamente, as fotos me distanciam do prazer e da alegria e me transportam para uma realidade de temor e inquietude. Recordo-me daquela educação severa. Cuidaram demais da minha educação... Quando digo isso não quero dizer que fui muito bem-educada e sim educada com desmedido rigor e ansiedade. Por vezes tinha a impressão de que meu pai me criava segundo os métodos de severidade impostos nos colégios internos de meninos, nas escolas militares ou nos seminários.

Sim, sofri por causa de minha educação de filha única, de filha mais velha que não teve um irmãozinho. Fui desejada, programada mesmo. Tinham decidido que eu deveria nascer na primavera, no mês de maio, como uma rosa. Mas as rosas têm espinhos.

Eu tinha 15 anos. O Natal se aproximava e meu pai, como muitos homens, não sabia o que oferecer à sua filha. Perguntou-me com certa rudeza:

— O que você quer de presente de Natal?

Ainda recordo o rubor, o estremecimento de prazer. Pela primeira vez se dirigia à adolescente, à futura mulher, e lhe respondi, feliz e sorridente, que gostaria muito de ganhar um par de sapatos. Dito e feito. Saímos em direção à loja onde eu passava todos os dias ao voltar da escola. Na vitrine, um *escarpin* de verniz preto com salto de quatro centímetros. Ah, a felicidade própria das mulheres em flor! Entrei. Uma vendedora recebeu-me sorridente e perguntou:

— A senhorita tem idéia do que deseja?

— Claro que sim! — respondi, apontando o sapato na vitrine.

Foi buscar de imediato o lindo sapato de verniz. Ao vê-lo, meu pai fez um gesto brusco e compreendi ter cometido um grave erro.

— Minha senhora — disse ele, dirigindo-se à vendedora —, queremos sapatos para minha filha e não esse *escarpin* de mulher coquete.

Na hora fui tomada pela humilhação, colocada na condição de criança para todo o sempre. A vendedora, numa tentativa de me livrar do constrangimento em que me encontrava, disse num tom seco:

— De qualquer maneira, não temos o número pedido.

Saí da loja envergonhada com uma caixa de papelão na qual repousava um sapato para ir à escola, de sola de couro grossa e horroroso cadarço.

É incrível como esses episódios marcam para sempre uma vida. Meu pai, sem dúvida, queria fazer de mim uma jovem cujo modelo era completamente diferente do que eu trazia em meus pensamentos e em meu jovem corpo. Tentava demover essa vontade, afastar-me da feminilidade, que devia considerar pura vaidade. Seu objetivo teve efeito contrário: só conseguiu despertar em mim uma verdadeira paixão pelos sapatos. Quando o presidente, ex-ditador, Ferdinand Marcos e sua esposa, Imelda, fugiram das Filipinas, depois de um golpe, em 1986, foram encontrados 3.000 pares de sapatos no armário dela. Não gostaria que abrissem o meu!

Ainda me lembro com nitidez de um jantar. Quando a cozinheira serviu a sopa, comentei que faltava sal. Minha observação foi bastante mal recebida; tive que tomar toda a sopa sem sal até a última colherada, sem dar uma palavra. Assim eu vivia. Era um período em que as crianças não tinham o direito de falar à mesa, em que nada se deixava no prato. Até hoje, sem dúvida devido à educação recebida, não deixo nunca um grão no prato.

Essas lembranças me conduzem a uma outra. E só Deus sabe se me esqueço de outras experiências do gênero vividas com meu pai...

Perto de nossa casa, havia uma banca de jornais onde mamãe comprava todos os meses *Le Jardin de Mode,* uma revista que as mulheres adoravam ler. Nela podiam ser encontrados moldes, croquis, conselhos... Enfim, tratava-se de uma ancestral das grandes revistas femininas de hoje.

— Lily, por favor, vá comprar para mim a revista de moda.

Mamãe me entrega sua carteira e lá vou eu, bastante feliz, confesso, pelo caminho que me conduz à banca de jornais. Aproveito, na volta, para folhear a revista e, de tão entretida, não reparava nas pessoas que por mim passavam. Enquanto ando, vou dando uma olhada no exemplar, contente como uma adolescente que já percebe em si a mulher. O que não imagino, ocupada que estava a andar e a descobrir as últimas novidades, é o que pode estar acontecendo à minha volta. Ora, o "drama" está à espreita, prestes a se abater sobre mim. Nas páginas centrais da revista, um molde. Diminuo o passo; minha curiosidade é tanta que mal posso esperar para examiná-lo. Súbito, sinto uma mão pesada sobre meus ombros. Deixo cair a revista, tamanho meu medo. Viro a cabeça assustada e me deparo com a expressão contraída, os olhos reprovadores de meu pai sob o chapéu. Cabe aqui uma observação: na época, todos os homens usavam chapéu. Bem, os transeuntes devem ter me tomado por uma ladra, pois quem poderia, em vizinhança tão nobre — no *16e arrondissement*, próximo à *Gare de la Muette* —, demonstrar reação tão veemente com uma jovem?

Meu pai não tolerava que sua filha lesse esse tipo de publicação e, erro ainda mais grave, na rua. Eu não passava de uma desavergonhada, uma jovem que acabaria mal. O efeito da surpresa, essa espécie de flagrante delito, aumentou ainda mais minha revolta. Que mal havia em ler uma revista de moda da minha mãe sem que isso causasse qualquer espécie de estranhamento aos transeuntes? Por que me humilhar em público com tamanha violência, me culpar?

Além do mais, quem poderia impedir uma adolescente, cuja vocação não era o Convento da Ordem das Carmelitas, de não considerar um pecado a leitura de uma revista na rua? Por vezes ainda sinto raiva dele pelas suas demonstrações de rudeza, por sua incompreensão.

Tantas vezes percebi entre pais e filhas uma cumplicidade extraordinária... O rigor imposto por meu pai teve como resultado um efeito contrário ao desejado. Não, é verdade que não me tornei uma sufragista, nem mesmo uma feminista, mas convenhamos: essa forma de agir me convenceu, para sempre, de que é preciso educar os pais e não os filhos.

Na época, era impensável "responder". Responder aos pais era um crime, pois a eles devíamos obediência incondicional. Replicar e discutir eram sinônimos de rebelião. Minha punição seria ainda maior: ficaria trancada no quarto, tendo apenas um copo de leite como refeição. E teria recebido um par de bofetadas.

No Brasil, onde um tapa em uma criança pode levar seu autor, mesmo sendo um dos pais, à prisão, nem sequer se imagina a diferença entre um país e outro no tratamento dispensado aos filhos. Ainda hoje, tanto na França quanto na Inglaterra, o castigo corporal deixou de existir apenas nas escolas, mas continua bem presente nos lares. No Brasil, a criança é tratada como rei, a ponto de algumas se transformarem em pequenas tiranas. Na Europa, a criança até hoje ocupa um lugar bem diferente. Quando viajo, constato existir ainda um verdadeiro distanciamento na relação entre pais e filhos, tratados com bastante severidade. Desconheço o motivo, mas é inegável que há uma espécie de mal-estar, de competição entre eles, o que não existe absolutamente no Brasil.

Como é comum nas famílias, a percepção de pais e mães sobre a forma de educar uma filha é bem distinta, especialmente quando se trata de filha única. Mamãe era o oposto de meu pai; sem dúvida, exatamente por isso o havia atraído. Ela era elegante, era o que chamamos de uma bela mulher. Tenho a convicção de que suas idéias nada tinham a ver com as de meu pai. No fundo, sofri muito vivendo entre concepções tão contraditórias.

Minha mãe também havia recebido de meus avós uma educação rígida. No final do século XIX, início do século XX, uma jovem sabia que dificilmente poderia aspirar a uma carreira artística. Subir aos palcos? Impensável! E, no entanto, esse era o sonho de mamãe. Na tentativa de viver, através da filha, o que não lhe foi possível realizar, tentou incutir-me esse desejo.

De um lado, a severidade de um pai, empregando todos os meios para evitar que a filha fosse "frívola"; de outro, a exigência da mãe, a julgar indispensável que eu tivesse aulas de piano, com Mademoiselle Lea, irmã do grande pianista Alfred Cortot, e aulas de teatro, no Conservatório, com Charles Dullin. Aulas de dicção, de dança, nada devia faltar à minha educação de jovem moderna. O estranhamento vinha do fato de meus pais jamais terem discussões sérias. Afinal compreendi que a determinação de mamãe se impunha à de meu pai. É extraordinário o poder que as mulheres, as mães em especial, exercem sobre o mais enérgico dos homens.

Nesse ponto, eu era uma filha muito obediente aos anseios de mamãe, pois valorizavam a feminilidade. Graças a ela passei a apreciar a música, a ópera em particular. Se hoje posso declamar sem titubear "*pour qui sont les serpents qui sifflent sur nos têtes*", devo a ela.

Comecei a voltar minha atenção para o teatro e o cinema não apenas como espectadora, já que o Conservatório e o rádio, que surgia então, me conduziam naturalmente nessa direção. Não quero me estender sobre o assunto, mas os cinéfilos poderiam me reconhecer no filme *Madame Tallien,* cujo ator principal era Jean-Pierre Aumond. Alguns talvez tenham me reconhecido no filme *Marie Mancini* com o grande comediante Milton e Louis Jouvet, o mais importante ator francês, que passou toda a guerra, com sua trupe, entre Buenos Aires, Rio e Montevidéu. Eu era ainda uma criança quando mamãe me levava ao estúdio e, depois, passava para me buscar. Creio ter sido ela a responsável por um espírito de competição que não era, autenticamente, meu. Um dia, Louis Jouvet me chamou à parte e me disse:

— Vou dar-lhe um conselho: se não tem paixão pelo que faz, é melhor que se case.

Não sinto falta do ambiente do cinema, do meio artístico — pelo menos como era no passado. Esse universo nunca me fascinou. No entanto esses anos serviram como aprendizado, um pouco a escola de mamãe, a escola da vida também. Trago dessas universidades um bom conhecimento da poesia francesa, dos clássicos e, se quisesse surpreender meus amigos, o que raramente faço, poderia recitar cenas inteiras do repertório de Corneille e de Racine. Causo espanto aos outros e, principalmente, a mim mesma por conhecer as melodias de Duparc, de Fauré, por ser capaz de declamar poemas de Verlaine e de Rimbaud que ainda sei de cor. Além disso, essa paixão de mamãe permitiu à jovem dócil que eu era aprender a jogar tênis, montar e nadar, o que era bem raro antes da guerra.

Terá sido por essas razões que nunca quis forçar meus filhos a obedecerem às regras rígidas que me tinham sido impostas? Temo que sim. O resultado é que o excesso de liberdade e de indulgência prejudica tanto quanto a intransigência à qual fui submetida. Simplesmente passamos de um extremo a outro!

Se tivéssemos vivido, durante mais tempo, com meu pai, ao fim da guerra, teria sem dúvida aprendido a conhecê-lo melhor. Como criança e adolescente, apenas travara conhecimento com um pai severo, não tendo a chance de desfrutar a convivência com o ser inteligente, sensível e culto que sempre foi. Só me recordo do educador exigente, de um homem extenuado pela guerra. Quem sabe poderia eu aliviar os sofrimentos desse senhor exausto e vítima da loucura dos grandes do nosso mundo?

VI

Nosso primeiro encontro

Esse encontro, Roberto gravara muito profundamente na memória. Muito mais do que eu, pois, na época, não me deixara, devo reconhecer, grande impressão. Ele não me perdoaria por essa declaração. A ele, devo um relato preciso e detalhado. É verdade que eu era uma mulher casada e estava há apenas três anos no Brasil. Tinha 20 anos quando nossos caminhos se cruzaram em 1941, numa recepção no Copacabana Palace. Aquele que começavam a chamar de Dr. Roberto assumira o comando do jornal *O Globo* por ocasião da morte de seu pai, em 1925. Com 36 anos, solteiro convicto, era cobiçado, um ótimo partido! Diziam ser louco por esportes, notadamente o mergulho submarino e os saltos de obstáculos a cavalo. Seu jornal era ainda recente: o pai, Irineu, o criara apenas um ano antes de falecer e Roberto já então fizera conhecida sua capacidade de trabalho, sua determinação.

Se não me engano, ele já tinha o olhar intenso e direto, animado por olhos de um bonito marrom, realçados pelo mesmo sutil sorriso, meio irônico, meio charmoso, que conheci mais tarde.

O Globo, base do atual império, era, nos anos 40, apenas mais um jornal carioca. Roberto Marinho, um jornalista reconhecido como tantos outros grandes nomes, dentre os quais Horácio de Carvalho, meu marido, também jornalista e proprietário de um jornal, na época bastante popular – o *Diário Carioca*. A década precedente à Segunda Guerra Mundial e os três ou quatro anos que a sucederam foram agitados pela imprensa escrita e pelo triunfo do rádio.

Na cidade do Rio de Janeiro, capital da República, figuras lendárias da época se cruzavam, faziam concorrência e se invejavam. A mais incrível e mais forte delas era Assis Chateaubriand, que dominava, com sua inacreditável personalidade, o mundo político, os negócios e até mesmo as artes. Se ele constituiu um império que, ao final da guerra, suplantava de longe todos os outros, não deixavam de existir, contudo, homens mais jovens e empreendedores, dentre os quais Horácio, é óbvio, os Mesquita de São Paulo e, sobretudo, Roberto, cujos nomes apareciam nas manchetes dos jornais diários e das revistas. Todos possuíam prodigiosas naturezas de empresários, de líderes e de jornalistas.

Revendo esse passado como assistiríamos a um filme às avessas, a figura de Roberto sobressai, lenta e seguramente, nesse viveiro formado por homens tão extraordinariamente dotados, talentosos e trabalhadores. Conseguiu impor-se, com o passar do tempo, como o Hearst brasileiro, para usar uma comparação constantemente feita, e que só tem precedente devido à amplidão do sucesso que os dois homens obtiveram em suas vidas profissionais. Revendo em sentido inverso o filme e constatando o que restou desses impérios, me pergunto: o que foi feito da *Manchete*, de Adolpho Bloch, de *O Cruzeiro*, do *Correio da Manhã*, da TV Tupi, marcas de Chateaubriand? Não sobreviveram a seus fundadores. Roberto fazia parte da segunda geração; não foi o fundador do jornal. No entanto pode-se dizer que sua formação não teve a ajuda do pai, o que não ocorreu com seus três filhos, todos jornalistas, a terem nele um professor exigente, atento, sem complacência, mas afetuoso e presente.

Ao conhecê-lo, apenas vislumbrara sua forte personalidade... Eis tudo. Nada em seu comportamento que me fizesse supor algo além da cortesia e elegância de homem do mundo. Falava um português perfeito, incrivelmente elaborado, bastante articulado, dentro de uma tradição intelectual carioca que deveria levá-lo, mais tarde, a ocupar uma cadeira na Academia Brasileira de Letras. Pronto, eu o havia encontrado. Mas daí a dizer que esse encontro tenha me marcado profundamente seria exagero...

Depois de nosso reencontro, muitas vezes falou de suas impressões de quando nos vimos pela primeira vez. Ele a descrevia como se tivesse recebido um choque, uma espécie de amor à primeira vista. Ficava surpresa, em dúvida, todas as vezes que o ouvia repetir a história. Eu era mesmo tão interessante, tão atraente como me descrevia?

É verdade que na época as mulheres eram, paradoxalmente, mais respeitadas. Não tínhamos direito a voto, mas não havia um único lugar público ou privado onde um homem não se levantasse da poltrona ou da mesa quando uma mulher, mesmo que fosse a sua esposa, entrava ou deixava o local. As mulheres ganharam em termos de liberdade, mas perderam muitos dos privilégios ligados à condição feminina. Acredito ter sido esse o preço a pagar.

No que me diz respeito, confesso ser uma mulher anterior à época da liberalização dos costumes. Nunca fui uma sufragista. Sem dúvida errei, mas jamais me arrependi.

Roberto, entretanto, apreciava as mulheres com personalidade, elegância e classe. Sempre provou também gostar — e muito! — de que soubessem, acima de tudo, ser esposas, especialmente a sua.

Ele pretendia ter percebido todas essas qualidades em mim naquela noite, em 1941. Eu era alta, clara e magra, o que, nesses anos, não era muito comum nas brasileiras, às quais me juntara quando do casamento.

É incrível constatar como as jovens, em sessenta anos, desabrocharam fisicamente. Terão crescido uns dez centímetros! É fato que mudaram de hábitos: praticam esportes, nadam, freqüentam academias, fazem dietas alimentares bem mais rigorosas.

Roberto contava — e eu enrubescia ao ouvi-lo — que à minha entrada nos salões ou nos restaurantes, vestida à moda de Paris, portando elegantemente chapéu e luvas, todos me admiravam, pois eu era, segundo ele, a mais bela mulher do Rio.

Essas conversas acabavam sempre em discussão, dando margem a perguntas e manifestações de espanto da minha parte. Mas ele parecia sincero: a bem da verdade, muito seguro de si ao evocar aquele tempo.

Eu era esposa de outro homem e esse outro não era um qualquer! Os dois pertenciam à mesma geração e se conheciam desde a juventude. Roberto me causou pena ao contar a tristeza que subverteu seu elã espontâneo e quase inexprimível, inconfessável. Roberto era livre, mas eu, não. De que adiantava?... Ele nada disse, à época, sobre sua paixão, nem mesmo a demonstrou, cavalheiro que era. Na verdade, foi bem sábio, pois toda tentativa de sedução me teria incomodado e exasperaria um marido apaixonado e ciumento. Raramente se batiam em duelo, mas as ofensas a um marido, num país da América do Sul, tomavam então proporções espantosas, algumas vezes extravagantes. Os maridos tinham, podem acreditar, liberdade para trair o juramento matrimonial, mas se a mulher fosse infiel, imediatamente vinha à baila o tribunal da Rota, em Roma, a perda da guarda das crianças e o exílio sem dinheiro.

É verdade que o divórcio ainda não existia no Brasil. O casamento era indissolúvel, tanto no civil como no religioso. Hoje não se toca no assunto, mas quantas mulheres foram rejeitadas pela sociedade por terem sido acusadas de adultério, proibidas de freqüentar as igrejas, os salões, as festas de família... Algumas ergueram a cabeça e partiram para tentar, às vezes com sucesso, refazer as vidas... noutro lugar. Mas quantas se viram exiladas em seu próprio país, em sua própria cidade. Para os maridos infiéis, o castigo foi sempre, com raras exceções, mais clemente. Nisso, sem dúvida, a evolução dos hábitos foi salutar. Algumas pessoas escapavam de tal situação através da mentira ou se acomodavam às regras estipuladas pela lei. Assim, existiam homens que sabíamos ter duas famílias, o que não era raro no Rio. Creio, entretanto, ter ouvido falar de apenas uma mulher nessa situação. Ainda assim, penso tratar-se de lenda.

A religião recusava a comunhão, como na Europa, às mulheres adúlteras ou divorciadas. As obséquias religiosas, tão importantes para os cristãos, eram proibidas. Quanta mudança!!!

Aos 42 anos, Roberto finalmente se casou. Stela lhe deu quatro filhos. Quando se separaram, o divórcio já existia; deixou a casa do Alto da Boa Vista e permaneceu sozinho no Cosme Velho, na casa onde moro desde nosso casamento, onde fui tão feliz.

Após ter vivido como solteiro por mais alguns anos, durante os quais expandiu o jornal e criou o grupo, Roberto voltou a se casar aos 62 anos.

As Organizações Globo, durante esse período, alcançaram uma dimensão de ordem a deixar no esquecimento o papel pioneiro do falecido Assis Chateaubriand. Não foram os Diários Associados que souberam acompanhar a explosão, o triunfo do papel da televisão num país onde as distâncias e o crescimento demográfico davam uma oportunidade fantástica àquele que compreendesse a importância da nova mídia no desenvolvimento do Brasil. Foi Roberto Marinho, que em 1941 renunciou a me fazer conhecer seu amor, quem, passo a passo, sucesso após sucesso, obteve a consagração nacional e internacional, fazendo das Organizações Globo uma das mais importantes do mundo no campo da comunicação.

Passaram-se, portanto, 44 anos até que eu revisse Roberto... Com certeza, nos cruzamos no Theatro Municipal, em recepções, li seus editoriais.

Ele não era para mim um desconhecido, pois, filha de jornalista, esposa de jornalista, tinha o hábito diário de ler vários jornais. Quando a televisão surgiu, sem dúvida fui uma das primeiras telespectadoras. Assim, acompanhei, talvez com um pouco mais de atenção que meus compatriotas, a construção do império, de seu império.

Mas nada em meu espírito devia, em especial, me reaproximar do novo magnata. Sem dúvida, estivemos, com mais freqüência do que sou capaz de me lembrar, nas mesmas salas de concerto, nos mesmos restaurantes. Acontece que eu não dava a menor importância, quando estava com Horácio, a quem podia estar instalado nas mesas ou nos camarotes vizinhos. Horácio era, sob todos os aspectos, dono de um temperamento possessivo e ciumento. Eu mesma suportava mal qualquer olhar, qualquer sinal de interesse por outra mulher. Eu o encarava como uma ofensa, uma primeira etapa em direção à infidelidade. Raramente manifestei, na privacidade, e jamais em público, qualquer ressentimento. A mim bastava deixá-lo escutar minha voz clara dizendo que dessa vez, como em todas as outras, passadas e futuras... Eu nada deixaria passar. Em minha opinião, as mulheres fazem mal em contemporizar, em se acomodar. Acredito que não devemos chorar, o que exaspera os homens, nem mesmo ter um ataque de cólera. Mas não podemos nunca nos fazer passar por idiotas, pois, desse modo, perdem os homens todo respeito, toda consideração, todo amor. O amor se defende da mesma forma que se constrói. Nesse ponto, sempre fui uma guerreira.

VII

Horacinho

Horacinho foi criado como um pequeno príncipe. Adorávamos nosso filho. Recebeu o nome do pai, seguindo uma tradição que permanece até hoje tanto no Brasil quanto na Europa. Era nosso orgulho. Aquele menino tinha uma elegância natural, que fez dele uma bela criança, um adolescente sedutor e um rapaz de charme irresistível.

Tínhamos cavalos de corrida, e Hermès, em Paris, fazia as casacas de nossos jóqueis. Assim como eu, Horacinho adorava os cavalos. Lembro-me dele no Jockey Club tranqüilamente montando um de nossos puros-sangues.

Eu era uma mãe fascinada pelo filho que Horácio e eu havíamos concebido. Ao escrever, penso que eu não apenas era esposa inata mas também mãe, com todas as fibras de meu corpo. Se pudéssemos, teríamos tido mais filhos; entretanto polarizei, concentrei nesse, que me trouxe muitas preocupações mas também foi uma inesgotável fonte de alegria, por 26 anos, todo o meu amor. Tive que me esforçar em demasia para não deixar transparecer minha possessividade. Tentei dominar-me o máximo possível, mas fui esposa possessiva e acabei por me revelar mãe igualmente possessiva. Adorava a cumplicidade entre nós. Eu apenas tolerava a afeição entre minha mãe e meu filho;

apesar disso, gostava de vê-los juntos e, diante das fotos dos dois, sinto-me invadida pela saudade. Ela tinha orgulho de seu neto.

Ele possuía a simplicidade e a desenvoltura de um aristocrata. Para mim, era a imagem de um jovem senhor a quem o nome, a educação e a fortuna sorriam. Devia superar seu pai, sem esforço, sem que isso nos surpreendesse. No entanto... o absurdo, a injustiça, o sofrimento mais animal, não apenas da alma, mas do corpo amputado, do corpo assassinado, da mãe de quem tiraram suas entranhas. Basta. Já falei demais. Não posso continuar, do contrário as cicatrizes ainda abertas vão sangrar novamente, e de que me adiantará voltar a chorar, reviver novamente o insuportável? Não, recuso-me a esmiuçar ainda mais esse pesadelo.

VIII

O drama de uma mãe

Reclusa. Enclausurei-me em minha dor, em minhas lágrimas, na escuridão de meu quarto, imersa nas lembranças de 26 anos de uma vida repleta de ternura infinita. Horacinho era uma mistura aperfeiçoada de seu pai e de mim mesma. Herdara do pai a inteligência viva e também seu charme; de mim, uma dose de impertinência, por vezes uma espécie de inquietude em relação a si mesmo e aos outros. Seu relacionamento comigo era de uma familiaridade respeitosa. Quando nos deixou, continuava a ser, sem sombra de dúvida, meu filhinho querido, mas também um belo rapaz. Acontecia de sairmos juntos os três para irmos a bailes que, naquela época, eram ainda muito freqüentes no Rio. Imaginem esse homem jovem, trajando *smoking*, convidando-me a dançar! Eu era então uma bela mulher, elegante em meus vestidos de noite de Lanvin e de Balmain. Adorava irritar Horácio e deixar curiosos todos os senhores e senhoras que, quando não nos conheciam, não paravam de se perguntar quem poderia ser aquele casal.

Nunca antes e nunca depois, tive tanta certeza de que minha vida não tinha sentido, já que me tinha sido roubado meu único bem, a pessoa a quem mais amava: mais do que a mamãe, mais do que a Horácio e, estou certa, mais do que a mim mesma. Não pude ajudar Horácio em sua perplexidade silenciosa. Ele, por sua vez, impotente, me via a cada dia mergulhar pouco a pouco no desespero.

Essa insuportável perda poderia, como acontece comumente, colocar nossa união em perigo. Não foi o que ocorreu. Horácio dedicou-se mais ardentemente a suas atividades, ajudado pelo *scotch*, sem todavia a ele sucumbir. Guardei dos anos que se seguiram ao desaparecimento do meu filho a amarga lembrança de uma procura alucinada do ausente.

Ele havia alcançado o além, mas devia haver um meio de retomar contato com ele, de poder lhe falar, de saber que seu espírito não estava longe e me envolvia, com sua força misteriosa, impedindo-me de afundar no vazio da loucura e da insensatez.

Meu confessor, o padre dominicano de Segondy, pertencia a uma tradição tipicamente francesa de homem de Igreja. Inteligente, extremamente culto, exerceu por muito tempo um magistério moral e religioso sobre muitas famílias cariocas. Era um homem com senso de humor e nossas conversas eram em geral divertidas. Tinha sempre uma resposta na ponta da língua, sem que nisso o invejasse, pois eu, por vezes, chegava ao limite do respeito que se deve a um eclesiástico. Ele compreendeu minha aflição, sem que, no entanto, se mostrasse propenso a abandonar sua fé católica inabalável pelo mundo do espiritismo, querido a Kardec. Apesar de tudo, com muita coragem e fé, acompanhou minhas andanças pelo caminho terrível e perigoso que percorri, da morte de Horacinho até a adoção de João Baptista. Foi um padre indulgente e atencioso, deixando-me, com profundo respeito, tentar encontrar, através da leitura e de certas práticas espíritas, os caminhos que deveriam me levar a meu filho.

Eu havia pedido que todo mês e também todo ano, no dia do aniversário de Horacinho, ele rezasse uma missa, em minha presença, pelo repouso de sua alma. O padre de Segondy era bem mais velho do que eu. Ainda me lembro de que um dia, num tom um tanto angustiado, me perguntou:

— Mas afinal, dona Lily, até quando a senhora vai me pedir para rezar missas por seu filho?

Ao que respondi muito calma, quase suave:

— Bem, padre, até o dia da sua morte.

Como são tortuosos e comumente decepcionantes os atalhos que conduzem ao universo das almas sofredoras! Quantas dores e desilusões a troco de algumas intensas alegrias que, por vezes, nos fazem acreditar termos enfim encontrado a fórmula para sobreviver à ausência inadmissível daquele que era nossa razão de viver.

Horácio, assim como o padre de Segondy, respeitou minha atitude. No entanto insistiu para que eu consultasse médicos a fim de saber se não nos seria possível ter ainda um filho. Começou então uma outra incursão que nos levou, do Brasil à Europa, a consultar os mais ilustres ginecologistas. Tinha eu 45 anos. Hoje, quem sabe, os médicos pudessem encontrar uma solução, pois nesse sentido os tratamentos hormonais, a gravidez *in vitro* alteraram de tal forma as regras da procriação que chegam a nos causar medo, se levarmos em consideração os princípios religiosos e a ética médica. Contudo, quantas mulheres, sem esses progressos, jamais teriam conhecido as alegrias incomparáveis da maternidade? Com paciência e uma enorme e generosa disponibilidade, Horácio me acompanhou em minha busca até o dia em que, em Genebra, encontrei o professor de Watteville. Não havia no mundo médico mais conceituado. De certa forma, representava nossa última chance.

O professor tinha um porte de aristocrata huguenote — o que era verdadeiro, aliás —, pois sua família havia deixado a França e se mudado para a Suíça após a revogação do Edito de Nantes, quando Luís XIV decidiu reconduzir os protestantes ao caminho correto: o catolicismo. Muitos se recusaram à conversão e deixaram a França com destino à Inglaterra, Alemanha, Holanda e Suíça. Os Pourtales, os Vernes e inúmeras outras famílias ilustres, assim como os Watteville, preferiram o caminho do exílio a se submeterem à conversão forçada ou ao furor dos soldados de cavalaria do rei, os terríveis dragões, que perseguiam e torturavam, nas montanhas de Cévennes e de Dieois, os pobres protestantes que se recusaram a abjurar sua religião e deixar seu país. Muitos foram mortos, enviados para a prisão e até mesmo para as galés, mas o rei e seu exército não conseguiram erradicar aqueles que madame de Maintenon, amante e, posteriormente, esposa secreta do rei, considerava como diabos.

O professor de Watteville tinha ciência dessa história, mas seu maior conhecimento repousava nos mistérios da maternidade e, mais ainda, nos da procriação. Ele examinou-me e depois me mostrou, num microscópio, células. Devo a ele o conhecimento do meu corpo, seus mecanismos, prodígios e limites. Saí das consultas mais sábia porém

— ai de mim! — convencida de que não poderia voltar a ter filhos.

Numa manhã de inverno, o padre de Segondy interrompeu de repente a missa que começava a rezar e, virando-se em minha direção, pediu:

— Querida Lily, esqueci meus óculos; poderia, por favor, ler o epíteto do dia? — Estremeci, senti um aperto no coração ao verificar que eu também havia esquecido os meus. Com atenção redobrada, li com dificuldade a primeira linha:

—"E eu vos digo..." — Angustiada, interrompi a leitura. Foi então que, para minha surpresa, o padre de Segondy, demonstrando uma certa irritação, pronunciou essas palavras que me marcaram a ponto de figurarem, sem dúvida, entre aquelas de que me lembrarei até o último dos meus dias:

— Minha filha Lily, não me diga que lhe falta imaginação a esse ponto; que lhe seja impossível reconstituir, mesmo que inventando, essa carta de São Paulo aos Coríntios.

Confesso que minha impossibilidade de decifrar as letras ficou mais forte e não consegui mais pronunciar uma única frase, uma única palavra.

Freqüentemente penso nesse comentário a respeito de minha falta de imaginação e da falta de conhecimento das Escrituras Sagradas, que deveria saber de cor. De tanto assistir a ofícios religiosos — e é verdade que participo de muitos —, nunca havia pensado que pudesse aprender a liturgia: a do Natal, a liturgia da Páscoa, sem dúvida a mais importante, por tratar-se da Paixão de Cristo — que sempre me agradou, especialmente por culminar com a Ressurreição, e que é precedida pela da Quaresma. Mas, se me senti momentaneamente culpada, confesso que ainda me rio ao lembrar da impaciência e da irritação do bom padre de Segondy.

IX

Uma criança representa a esperança

Quando voltei da Suíça para o Brasil e refiz o caminho de meus refúgios reconfortantes, aconteceu um desses episódios com os quais a Providência costuma nos brindar.

Horácio e eu éramos próximos de Juscelino e de Sarah Kubitschek. Sem fazermos parte do círculo dos íntimos, éramos bons amigos. Não sei se por maior insistência de meu marido ou se por respeitosa afeição pela primeira-dama, excepcionalmente fui, sem me forçar, encontrá-la em seu apartamento na Avenida Atlântica, que preferiam ao Palácio do Catete. Impressionante como o Palácio não mudou depois da partida dos presidentes para Brasília! Lá estive diversas vezes nos últimos anos; é hoje um lugar de memória extraordinariamente conservada — até mesmo o salão Mourisco. Conversava, triste, com dona Sarah, quando ela me interrompeu para dizer estas frases, para mim decisivas:

— Preste bem atenção, Lily! Você não pode continuar assim tão infeliz e insatisfeita!... Já que não pode mais ter filhos, é preciso que adote um. Não se tranque na lembrança de Horacinho. A vida deve continuar, por Horácio e por você também! Assim, se não pode viver sem filhos, adote uma criança.

Dizer que nunca havia pensado nessa hipótese seria mentir; mas, até que essa voz segura e afetuosa me libertasse da hesitação, reconheço que não considerava a adoção de uma criança como solução para a dificuldade de superar a perda de Horacinho.

Após essa conversa, esqueci o compromisso que dona Sarah assumira de encontrar para mim uma criança, um filho, e que essa criança me seria apresentada uma semana depois de nosso encontro. Eu e Horácio devíamos partir para a Europa, e os preparativos da viagem haviam, ao longo dos dias que se seguiram, me absorvido bastante. Mas uma ligação telefônica de sua secretária particular, um dia antes de nossa partida, me lembrou de sua promessa.

Ele ainda não tinha um ano, ainda não sabia andar. Ao me ver estendeu os braços. Senti imediatamente um baque ao me dizer como era cruel ter visto essa criança e ter que partir para a Europa no dia seguinte. Senti vergonha, devia ter prevenido dona Sarah de que o momento desse encontro não era exatamente o mais indicado, mas faltou-me a coragem. A primeira-dama tinha sido tão solidária, tão afetuosa, tão intuitiva que jamais poderia responder de outra forma à sua iniciativa a não ser favoravelmente.

Assim, partimos no dia seguinte. Eu me lembrava sem parar do pequeno rosto sorridente do bebê. Revia seus pequenos braços estendidos em minha direção como se me chamassem. Ao chegarmos a Paris, nos instalamos, como de hábito, no Hotel Crillon. Na noite de nossa chegada, por volta das cinco horas da manhã, acordei em sobressalto. Acredito ter gritado. Horácio acendeu a luz, fitou-me e acreditei ter visto em seu olhar uma profunda inquietude. Eu tinha os olhos rasos d'água. Perguntou-me o que acontecera, por que tinha eu um ar tão desamparado. Relatei, então, o estranho sonho que tivera. Embora exausta da viagem, ao deitar-me, o sono demorou a chegar. Quando veio, fui assaltada por sonhos estranhos, mas o que me fez acordar em sobressalto foi determinante para o futuro de nossa existência. Vi surgir meu filho Horacinho; olhava-me e com o indicador direito me apontava uma direção, não longe. Ali se encontrava uma criança que me estendia os braços e reconheci o bebê de imediato. Era isso, então: Horacinho me indicava precisamente o caminho que deveria seguir! Ele me mostrava João Baptista. A partir desse sonho, eu e Horácio decidimos, definitivamente, adotá-lo.

Assim que regressamos, fiz rapidamente contato com as pessoas que me haviam apresentado a criança. A partir daí, precipitaram-se os acontecimentos e João Baptista passou, logo depois, a fazer parte da minha família. Minha relação com ele foi, imediatamente, de mãe para filho. Presenciei seus primeiros passos e o criei segundo princípios que fizeram dele uma criança mimada e, espero, feliz. Amei essa criança desde o primeiro instante. Desde o primeiro instante o considerei meu filho. Suas doenças infantis, os tombos de bicicleta, o acidente de carro, todas essas provações de mãe vivi plenamente. Ele era meu filho da mesma maneira que Horacinho. Nunca fiz distinção entre eles. Seus quatro filhos são meus netos. Apeguei-me de tal forma a eles que me são hoje a menina-dos-olhos. Não há um único dia em que não fale com meu filho, mesmo se ele está no exterior. Sei que hoje é um adulto, mas é meu filho, minha criança adorada.

Nunca, porém, soube educar meus filhos. Horacinho, reconheço, sem pudor, foi muito mal-educado. Entretanto tenho a convicção de ter dado tudo a nosso filho, inclusive os maus hábitos. Com João Baptista foi ainda pior. A morte brutal levara meu filho quando ele ainda podia receber mil tesouros da vida. A morte tão injusta de um jovem me levou a mimar meu outro filho, ao máximo, em sua infância. É possível acreditar em mim quando afirmo que desejava que fosse feliz, muito feliz, ao menos em sua juventude? Muitas vezes pensava que, se ele vivesse até a idade adulta, poderia vir a sofrer por ter sido a tal ponto superprotegido, criado mais suntuosamente que um pequeno rei a quem nada se recusa. Mas essa é minha maneira de agir; incapaz de ser outra coisa que não uma mãe totalmente devotada a seus filhos, que de tudo lhes provê; uma avó que mima, desfazendo à noite o que as mães, babás e professores tentam inculcar como princípios educativos em meus netos ao longo do dia. Confesso que sou uma "deseducadora": mesmo os gatos, naturalmente tão limpos, após certo tempo de convivência comigo deixam de utilizar suas caixas de areia.

Se nos devemos alguma coisa, eu lhe devo muito mais do que ele a mim.

X

A vida tem que continuar

O sofrimento causado pela morte de meu filho, aliado aos outros, poderia ter me deixado ainda mais desesperada (como se isso fosse possível!) ou poderia ter suscitado em mim uma reação, transformando-me, para sempre, num ser humano seco, incapaz de experimentar qualquer sentimento ou compaixão por quem quer que fosse. Tive, por vezes, a impressão de que certas mulheres se fecham na dor e experimentei — e ainda experimento —, em relação a elas, uma profunda inquietude e tristeza. O sofrimento deve trazer a cada ser um toque extra de humanidade, indispensável para enfrentarmos as novas provas que, infelizmente, hão de se fazer presentes!

Sem dúvida certas mulheres sabem dissimular suas feridas, mas como o conseguem? Por que tentaríamos, afinal, dissimular o efeito da injustiça e do horror que forçosamente provoca a morte de um filho adorado? Como não chorar, gritar sua dor, quando nos arrancam uma parte de nós mesmas que sabemos ser a melhor?

Quando jovem eu era mais emotiva; lembro-me de ter chorado a morte de meu cunhado, um ano após meu casamento. Presenciava o sofrimento de meu sogro e essa visão era suficiente para me levar ao pranto. Depois da morte de

Horacinho, achei que não teria mais lágrimas a derramar, tantas havia deixado correr de meus olhos fatigados, com suas pequenas torrentes de sal e de amargura.

Quando minha mãe nos deixou, talvez por sua morte obedecer à ordem natural das coisas ou talvez porque a fonte houvesse secado, não chorei nem mesmo escondida, como fiz muitas vezes para não oferecer o espetáculo das carpideiras do Congo, que dizem sabem chorar por encomenda.

XI

O reencontro

O jantar em comemoração do meu aniversário em setembro de 1989, na Avenida Atlântica, me fez vir à memória o caminho difícil e, contudo, maravilhoso percorrido desde minha chegada ao Brasil. Bem modesto, sem dúvida, se comparado às transformações do país, suas vicissitudes e sucessos.

Lembro-me, ao chegar, de um país cuja população, em 1940, era pouco superior a quarenta milhões de habitantes. Hoje somos mais de cento e oitenta milhões! Num espaço inferior a cinqüenta anos ultrapassamos o triplo do número de habitantes de então! Por essa época, tudo ainda tinha um talhe humano. A cidade mal contava dois milhões de habitantes e não se falava ainda do Grande Rio. Niterói, mais ainda do que hoje, era uma cidade charmosa, a meio caminho entre uma cidade do interior, com seu lado provinciano e residencial, e a capital, já que a administração do antigo Estado do Rio de Janeiro ali estava instalada. A ponte ainda não havia sido construída e as barcas eram o único meio de atravessar a baía. Esse isolamento, certamente relativo, dava à pequena cidade bem construída, elegante, um papel real e invejado. Em São Gonçalo e Manilha, apenas fazendas. As primeiras favelas haviam surgido fazia algum tempo no Rio, mas o urbanismo da cidade tinha sido bem planejado, apesar da localização tão particular entre a montanha e o mar. Ao sairmos da cidade, era comum encontrarmos estradas de terra e sítios. Quem imaginaria que Niterói teria cerca de quinhentos mil habitantes e Nova Iguaçu mais de setecentos e cinqüenta mil? A capital abandonada não soube encontrar novo equilíbrio e os resultados conhecemos bem.

No entanto jamais pensei, por um instante sequer, em deixar a "minha" cidade. Malgrado as dificuldades, as injustiças e a violência por elas geradas, o Rio continuou sendo a "minha" cidade. Faço os maiores esforços para contribuir para a conscientização do cidadão, que julgo indispensável, mas não poderia viver em nenhum outro lugar, nem nos Estados Unidos, nem mesmo na Europa, de onde sou, no entanto, originária. Amo o Rio, amo os cariocas como Roberto os amava apaixonadamente. Esse amor pela cidade foi um dos pontos que nos uniu. Assim como eu, por nada no mundo Roberto deixaria a cidade.

Brasília havia tomado do Rio, a partir de 1964, uma parte de sua razão de ser, pois a democracia havia sido descartada, para finalmente retornar depois de vinte anos de ditadura. A despeito de tudo, a Federação, nesse intervalo, tornou-se progressivamente líder dos países da América Latina e a primeira potência econômica não somente do seu continente, mas também do conjunto latino da América, em pé de igualdade com o México.

Hoje, todos devemos dar prosseguimento à ação de Roberto, nos concentrando na consolidação do Rio, perseguindo esse objetivo, visando a fortalecer e recuperar a cidade, em situação muito frágil, revitalizando-a. Isso exigirá coragem, bom senso e muitas reformas. Ao criar milhares de empregos, Roberto fez sua parte, defendendo o patrimônio, a cultura local. Sua atitude deveria ter sido copiada por muitos que, no entanto, optaram por instalar-se longe daqui. Imaginem o que teria acontecido ao Rio, já enfraquecido pela perda de sua importância econômica e financeira, se Roberto não tivesse conseguido ampliar as Organizações Globo! O Rio ainda é, felizmente, a capital da comunicação. Sei o quanto meus enteados trabalharão com afinco para defender o que foi conseguido. Não há motivos para alimentar uma rivalidade entre o Rio de Janeiro e São Paulo. Eu gosto muito da capital paulista, mas a expansão de uma cidade não pode ser feita em detrimento de outra. Quando uma parte do corpo da nação está doente, o contágio e a gangrena estão próximos. Ninguém pode se alegrar com os problemas de uma cidade que permanece como a vitrine, o cartão-postal do Brasil.

Presenciei aqui a morte de sonhos, assim como presenciei o nascimento de outros, como fênix de suas cinzas. O povo, a gente do Brasil, enfrenta sempre duros golpes, como a hiperinflação, as desvalorizações da moeda, as malversações e os confiscos, reagindo com calma, por vezes com resignação, sem revolta. Mas, por um milagre que só ocorre aqui, as vítimas de ontem não lamentam a sorte. Pelo contrário, retomam com energia a confiança em melhores dias, tantas vezes improváveis, mas real e promissora. Não existiu no Brasil uma verdadeira revolução como na França, nem mesmo a idéia de uma verdadeira revolta! Será pela necessidade de lutar pela sobrevivência? Não! Apenas pela certeza de que a felicidade é possível, que devemos conquistá-la e que isso será conseguido em breve.

Esse povo que é o meu serve como exemplo de dignidade a vários outros povos, bem mais que meu país de origem, a França, sempre protestando e querendo dar lições a outros países. Existe aqui, apesar das dificuldades, apesar das desigualdades, um calor humano, uma solidariedade, um bom humor, um prazer de viver, que são os traços mais fortes de nossa nação e os segredos da sua força. Hoje em dia, essas qualidades são tão raras que os brasileiros são considerados o povo mais acolhedor e mais agradável do mundo. É preciso que a violência, a droga, a pobreza se intrometam para destruir esse quadro? Parece que o Brasil contraiu todas essas mazelas modernas, como se seu grande e belo corpo estivesse sem imunidade, sem defesa. Eu não diria que os anos 40 foram os anos dourados, mas o tamanho da cidade e a ausência da violência permitiam aos habitantes e visitantes aproveitar mais as qualidades dos cariocas.

Voltando, então, ao jantar do meu aniversário, afirmo que não representava um retorno ao mundo, à vida em sociedade depois de longos anos de confinamento; não! Em primeiro lugar, porque não sou uma mulher de vida social intensa. Sou muito amiga de meus amigos, é verdade, mas sair por sair não me interessa nem um pouco e nunca me interessou.

Sob o risco de me contradizer, três anos depois da morte de Horácio, atravessei uma fase em que recebi e saí bastante. Esse intermédio é, em suma, a exceção que confirma a regra.

Naquele jantar, havia cerca de cinqüenta pessoas. Sem dúvida, entre os felizardos, o de mais prestígio e, de longe, o mais famoso e discreto era Roberto Marinho.

Em 1989, ele já atingira o auge da glória. Sua odisséia profissional era digna de inveja e, a essa altura, de tal magnitude que os ranzinzas e os eternos críticos não tinham argumentos a opor ao papel exercido por Roberto no progresso do Brasil em direção à modernidade.

Ao entrar no salão, vi vários homens se levantarem. Dentre eles um de porte mediano, "olhar direto, intenso, olhos marrons, um sorriso muito especial e bigode bem-cuidado". O mesmo olhar, exatamente o mesmo, apesar dos anos, que aqueles entrevistos quase cinqüenta anos antes e, depois, de tempos em tempos.

Pela primeira vez, depois de muito tempo, eu me encontrava diante do homem que se transformara no mais poderoso do Brasil; tão influente que os chefes de Estado, quando de passagem por nosso país, visitavam no Cosme Velho aquele que ouvi ser chamado de "*faiseur de rois*".

Ao vê-lo cortês, com uma simplicidade de grande senhor que sempre conservou, compreendia o sentido da palavra carisma. Roberto desprendia uma força, uma segurança, às quais ninguém podia ser indiferente. O proprietário das Organizações Globo não procurava chamar a atenção e, no entanto, era o centro das atenções. Conhecia certamente seu valor. O que me atraiu o interesse, à parte essa extraordinária presença e uma perfeita cortesia, foi sua elegância não somente no vestir, percebida pela gravata e pelo tecido do terno, mas também nos gestos e na conduta em geral.

Essa noite causou-me imenso prazer e satisfação: a conversação prosseguiu agradável até bem tarde; os convivas rivalizavam em palavras e casos. Sentaram-me ao lado de Roberto, que dava a impressão de estar totalmente à vontade. Quando meu olhar esbarrava no seu altivo olhar, percebia uma leve insistência, leve, bem leve, mas que uma mulher imediatamente capta.

Nosso corpo feminino deve ser dotado de um senso inato ou então de antenas invisíveis com tantos minúsculos captadores de ondas, de sinais, mesmo ínfimos, que permitem, a nós, mulheres, com algumas raras exceções, termos a prerrogativa de sentir o que os homens, também com raras exceções, não saberão jamais ver ou compreender.

No entanto não alterei meu comportamento. Permaneci amável, sorridente. Quem sabe um campo magnético contínuo não havia perturbado a regulagem de minhas antenas e suas famosas aptidões? Além do mais, o que eu poderia deixar transparecer, dizer? Que seu interesse me lisonjeava? Que estava comovida mas que um homem casado não poderia pretender me cortejar sem me comprometer?

Apesar de bastante preocupada, encontrava-me envaidecida, um pouco perturbada, pois Roberto me contava, evidentemente com a reserva de um *gentleman*, a "visão" que tivera há décadas passadas. Essa "visão", narrada com emoção contida, em que escolhia com arte cada adjetivo, como um pintor as cores, era produto de uma memória quase fotográfica. Sentia-me subjugada, impressionada tanto pelo talento do retratista como pela surpresa ao saber o nome do modelo: era de mim que falava.

Era preciso portanto acreditar nele quando, durante nosso encontro, depois do famoso jantar de aniversário, me confessou ter experimentado, no passado, um amor à primeira vista. "*Love at first sight!*" Na tentativa de tentar me convencer, descrevia, com exatidão, o vestido, as jóias que eu usava na ocasião, detalhes dos quais eu mesma não me recordava.

— Você tinha uma maneira muito particular de cruzar as mãos. Atravessava o espaço das peças com uma leveza que mantém até hoje.

Eu ria ao escutá-lo me retratar, me sentia seduzida diante de todos os elogios, mas a dúvida, essa dúvida que sempre me atormentou e ainda me atormenta, me deixava prudente, desconfiada.

Quando nos despedimos, reclinando-se para me beijar a mão, disse sem mesmo me fitar:

— Espero, querida Lily, ter a felicidade de reencontrá-la.

O que muitos poderiam interpretar como um cumprimento banal, eu sabia ter, em seus lábios, um significado todo especial. Nada deixei transparecer aos presentes, especialmente a Roberto; mal o confessei a mim mesma.

Entretanto não me fizeram nenhuma pergunta sobre o tema de nossa conversa, até a hora em que saí. Eu havia preparado uma resposta que não foi de nenhuma serventia:

— Roberto Marinho me contava histórias do passado, histórias apaixonantes que remontam à época dos meus primeiros anos no Brasil. É impressionante como ele se lembra das coisas! Que memória!

Voltei para casa pensativa e sonhadora. Naquela noite, fui dormir mais tarde do que de hábito. O reencontro no jantar havia trazido à minha memória todos os fantasmas do passado. Nenhum ficou de fora! Estranha sarabanda causada pelas lembranças... Elas afloram e se misturam na cabeça até fazê-la girar. As imagens felizes se entrechocam àquelas do infortúnio e seu terrível cortejo de pequenos e grandes sofrimentos. Não tentei escapar a esse confronto. Preferi deixar passar o desfile de rostos e vozes, na grande maioria desaparecidos para sempre. Situações e frases do passado deixaram marcas profundas o suficiente para poderem comparecer, sem terem sido convidadas, a esse encontro inesperado.

Essas horas da "madruga", propícias, segundo meus hábitos, a ler, a escutar um disco ou a assistir a um vídeo na televisão, transformaram-se, naquela noite, na "confusão de sentimentos" em que, conforme se aproximava a aurora, a desordem dos pensamentos conduzia a uma espécie de balanço de todos os anos vividos desde minha viuvez. Na realidade, ainda mais longe no tempo, até o luto pela morte de meu filho Horacinho.

Não tinha motivos para me queixar da vida; não mais invejável que a de muitas mães e esposas. Mas... Eu era feliz? Minha vida tinha sentido? João Baptista, sem dúvida, tinha permitido à mãe reencontrar uma esperança, uma alegria e, ao mesmo tempo, os temores e dissabores de todas as mulheres que sabem que os carros correm sempre rápido demais... Que, quando a porta do quarto do filho ainda está aberta, isso quer dizer que ele ainda tardará a chegar, se chegar...

A mulher, a esposa, ela... O que tinha sido feito de sua vida? Tinha amigos, alguns admiradores... mas nada que me pudesse fazer esquecer 45 anos de vida em comum com um ser excepcional...

Alguma vez me questionara sobre a possibilidade de um novo casamento? Se não o tinha feito, minhas amigas e meu filho se encarregavam disso, mas eu não tinha muito interesse nem estava aberta a esse tipo de questão.

Horácio tinha dado à minha vida um senso de exigência. Era difícil esperar encontrar, após tantos anos de vida em comum ao lado de um dos espíritos mais notáveis de seu tempo, mesmo contando com a Providência, um homem que pudesse suscitar em minha alma e em meu corpo sentimentos de amor.

Amar!... De que é feito o amor por um homem? Se existem debates intermináveis sobre o assunto, se revistas femininas, programas de televisão e conversas entre amigas consagram ao tema horas e horas, no que me diz respeito não tenho estado de espírito para tal, nem alimento nenhuma dúvida a respeito; muito ao contrário!

Sempre tive certeza, desde os primeiros anos da adolescência, que só poderia me apaixonar por um homem por quem nutrisse admiração e respeito. A inteligência me fascina. Para mim, que me julgo com bastante severidade, sob o risco de, por vezes, me subestimar em demasia, a inteligência ocupa uma dimensão essencial na apreciação dos seres humanos e, especialmente, dos homens. No entanto a inteligência pura e simples não me fascina, pois é freqüentemente posta a serviço de causas erradas ou medíocres. Logo, para que eu possa amar, é preciso muito mais ainda: a admiração é fundamental.

A admiração é algo que não se controla; ela se impõe. Sabia que tinha como fatores complicadores os anos passando, a experiência de vida "ajudando", se assim posso me exprimir, e, nesse contexto, os seres capazes de despertar esse sentimento a se tornarem cada vez mais raros.

A exigência é percebida por muitos como um *handicap*, uma prova de grande autoconfiança. Não concordo com essa idéia, que, no entanto, é bastante corriqueira.

A solidão pesa; na verdade, pesa demais na alma e na vida de uma mulher. É falso pretender habituar-se e acomodar-se facilmente à ausência. Nunca me conformei com a idéia da ausência de um ser amado; muito pelo contrário! Tenho por meus entes queridos um respeito, uma fidelidade que poderiam fazer certas pessoas rirem, mas dos quais tenho muito orgulho. Penso muito nos meus; cheguei até a conservar com Roberto, meu filho e minha mãe relacionamentos bem mais fortes do que se pode pensar, imaginar, mesmo pelo mais íntimo círculo de amigos. São esses contatos com os meus que me permitiram e me permitem, nesses longos meses, suportar o vazio, o silêncio, a ausência da voz, dos risos do ser amado.

Essa familiaridade me permitiu não tornar a procurar um compromisso que teria vivido como um comprometimento. Decerto não amo a solidão, mas existe quem a ame verdadeiramente? Mas isso não significa ter sucumbido a um sentimento de pânico, aquele que aflige mulheres e homens quando nada têm diante de si a não ser a escuridão do quarto, o lancinante e insuportável tique-taque do pêndulo do relógio e, como contratempo, o batimento do coração que marca como um compasso, sem abrandar, o tempo que passa, inexorável, aumentando a angústia que se esconde, paciente, agachada no fundo do crânio, prestes a saltar à menor fraqueza, para invadir corpo e espírito. Não gosto de concessões. Não, jamais busquei a tibieza, o conforto menor da acomodação.

Mas admirar Roberto Marinho, aquele que, naquela noite, me havia quase convencido do seu interesse por mim e da emoção e do prazer que tivera em me reencontrar... Esse Roberto, criador e proprietário da terceira rede de televisão do mundo! O homem poderosíssimo que soube exportar as famosas novelas para todo o mundo, levar informação, distração e cultura a um país continental onde a maior distância é equivalente à que separa Portugal do Ural russo! O homem criador da Fundação que carrega seu nome, instrumento indispensável, incontestável, da defesa do patrimônio e da diversidade da cultura brasileira. O homem que teve como obsessão, por anos e anos seguidos, encontrar os meios para levar o ensino aos rincões mais isolados do vasto império. Roberto foi um dos poucos homens do século XX e início do século XXI a ajudar o Brasil a tornar-se uma das grandes potências mundiais. Esse homem influente, tão discreto e, no entanto, mítico, usualmente temido e mal-interpretado, tinha pela música e pela pintura mais do que admiração, uma paixão. Sua coleção de arte figura entre as mais importantes do Brasil, e seu apoio a músicos e orquestras tornou seu nome popular em toda a classe artística. Como para aumentar ainda mais seus méritos, a "fama" de seu gosto pelos esportes, pela sua promoção, deu a um país apaixonado pelo futebol também as corridas automobilísticas, as partidas de tênis, de vôlei, corridas de cavalos, equiparando seu nome, com igual força, aos grandes desportistas brasileiros: Pelé, Ayrton Senna, Nelson Piquet, Guga, Rodrigo Pessoa, Emerson Fittipaldi.

Naquela noite, eu não imaginava que cerca de 24 meses depois desse reencontro eu seria a Senhora Roberto Marinho. Sabia apenas que ele tinha sido charmoso, agradável, no sentido literal e forte da palavra "agradável".

Finalmente adormeci, depois de horas imersa em pensamentos e lembranças os mais contraditórios, que, em apenas uma noite, me haviam feito reviver o essencial de minha vida. Imaginem uma espécie de grande caleidoscópio em que os fragmentos, misturados em uma multiplicidade de imagens como um quebra-cabeça, tivessem tomado forma em meu espírito, deixando-me, à hora em que muitos despertavam, mais serena e mais calma. Eu ainda rememorava os deliciosos momentos do jantar, as palavras, a voz de meu extraordinário vizinho de mesa, contando um encontro excepcional. O sono se apoderou de mim, ainda impressionada pela força do relato. Pensava na emoção contida que ele manifestara durante todo o jantar, na incrível maneira de relatar nosso encontro, de descrever seus sentimentos de então, aqueles que havia guardado no fundo do coração, até o seu 84º aniversário, quando o destino o colocava, bem tarde, é verdade, em contato comigo.

Como foi possível que, numa cidade onde os círculos de amizade se entrelaçam bem mais do que em São Paulo, nos tenhamos visto tão pouco? É um mistério e não me lamentarei muito, já que os 14 anos que se seguiram a esse encontro foram anos abençoados. A prova de que o amor existe para todos e em qualquer idade. Que lição maravilhosa!

XII

A maturidade

No dia seguinte ao excelente jantar de aniversário, recebi um maravilhoso buquê de flores. Tratava-se de um sinal de respeito, uma gentileza pela passagem de meu aniversário. E a vida seguiu seu curso.

Eu havia praticamente esquecido a impressão de interesse que ele me transmitira, os sinais que havia notado, por ocasião de nosso reencontro. Nada havia de anormal em sua atitude. Roberto era um homem casado, extremamente ocupado. Por que teria desejado, pretendido algo mais? Apenas demonstrara prazer em me rever. Não fazia sentido... Seria na nossa idade que questionaríamos os sistemas afetivos estabelecidos há tanto tempo? É claro...

Eu era, de certa forma, uma mulher livre. Enviuvara há cinco anos, mas de que me adiantava pensar em abandonar uma rotina confortável, especialmente considerando que, há poucos anos, minha vida social era bastante intensa? Durante os 45 anos de meu casamento, saíamos e recebíamos muito até sobrevir a morte de meu filho. Quando João Baptista chegou, voltei a sair com mais assiduidade, mas a doença de Horácio, sem ter feito de mim uma reclusa, havia me afastado completamente da vida social.

Aliás, já disse mas repito que não tenho grande interesse pelo turbilhão e os deslumbramentos, pelos artifícios da sociedade. Têm seu charme, não os coloco em questão. Têm seu encanto, mas são, acima de tudo, miragens, ilusões. Posso muito bem passar sem elas. Creio tê-lo provado, mas, depois da morte de Horácio, certas pessoas devem se lembrar de um período da minha vida em que retomei o caminho das festas e jantares. Meu grande apartamento da Avenida Atlântica, Veneza — minha fazenda preferida, uma bela casa histórica do Vale do Paraíba do Sul, muito simples, muito bela em sua austeridade, sempre muito autêntica —, me serviram a reencontrar o prazer de receber, de me vestir bem, de usar algumas jóias. A conversação, o charme de uma bonita mesa, bem-arrumada, todos esses elementos que fazem com que estejamos na moda, que fazem com que você ocupe um lugar de destaque na sociedade, eu reencontrei sem descontentamento.

Não me foi difícil retornar, pois conhecia, havia muito tempo, todos que faziam parte da sociedade carioca. Nós éramos em menor número e mais unidos, uma sociedade mais fechada. Havia poucos estrangeiros, menos pessoas que aqui se encontravam de passagem. Aceitei mesmo retomar o hábito dos almoços entre mulheres, tão popular no Rio e nos Estados Unidos. É uma atividade que exerce um certo charme, mas nunca tive por ela uma predileção especial. Às vezes pode ser interessante reunir trinta mulheres, mas essa não é minha distração favorita. Nada supera um jantar do qual homens e mulheres participam, especialmente quando têm coisas interessantes a dizer e o fazem com humor, com inteligência. De fato, esse é o tipo de encontro que sempre tentei privilegiar. Portanto reuni amigos e, seguindo critérios que são muito meus, estabeleci as regras mais urbanas, mais agradáveis possíveis para recebê-los. Ainda escuto falar desses momentos que funcionaram como parêntese festivo, elegante, porém curto, de minha existência.

Não aprecio o excesso, a necessidade de demonstrar sofisticação. Pelo contrário, isso me incomoda, pois deve haver na elegância, nos diferentes aspectos de uma arte de bem viver, uma verdadeira simplicidade. Posso parecer um pouco exagerada, mas, se servimos champanhe, que seja Don Perignon; como entrada, caviar. Não tenho meio-termo. Não faço economia quando se trata de receber meus amigos e, acima de tudo, não admito mudar: Don Perignon, caviar e *foie gras*, quando encontramos no mercado produtos de boa qualidade. Quantas donas de casa, que nada têm a invejar à minha maneira de receber, poderiam evitar as invencionices, fruto de suas imaginações, sob o risco de se enganarem com freqüência, simplesmente lembrando-se de que a forma perfeita de receber não comporta a exibição, o excesso? Ao contrário, pessoas como eu sabem ser preferível seguir regras precisas, desde que corretas, e compreendem o motivo da satisfação demonstrada pelos mais exigentes dos amigos e visitas, de uma maneira geral.

Nessa época comecei a participar regularmente das comemorações desse período tão importante que é a entrada do ano, festa que reúne em Copacabana milhões de cariocas e pessoas de várias regiões do país e do exterior para festejar, todos trajando roupas brancas, Iemanjá, a deusa do mar, e o Ano-Novo. Criei o hábito de receber meus amigos para festejar a passagem do ano, nesse cenário maravilhoso que é a praia de Copacabana.

Algumas dessas festas foram memoráveis: alugava um iate e convidava um pequeno grupo de amigos, felizes com a oportunidade de passar, num lugar fechado e confortável, esse momento tão especial da passagem do ano que coincide com a homenagem que rendemos à bela deusa do mar. Revejo as oferendas que jogávamos ao mar, as pequenas embarcações que levavam nossos desejos secretos, as palmas e lírios brancos, os perfumes, os colares que lançávamos do convés para agradar a rainha do mar. O iate, todo iluminado, ao largo da praia de Copacabana, nos permitia admirar, com olhos de criança, a profusão de fogos de artifício, à meia-noite, enquanto engolíamos, ao ritmo das 12 badaladas do relógio de bordo, as 12 uvas que supostamente nos trariam a felicidade durante todo o ano vindouro. Enquanto em terra o calor do verão triunfava e, por vezes, era insuportável, mesmo à noite, no iate sempre havia uma brisa, um vento fresco vindo do mar. Assim, durante seis meses, continuava a levar essa vida que as colunas sociais e revistas especializadas tanto gostam de mostrar através de uma abundância de fotografias e artigos. Já disse, mas repito: essa vida nunca me fascinou. Nunca fui tola. Longe de mim renegar essa vida. Longe de mim negá-la, mas jamais seria suficiente para dar um sentido à minha existência. Nunca poderia ser a razão da minha vida. Há outras vidas. É preciso saber vivê-las em paralelo sem jamais ter medo de ser forçada a renunciar ao mundo.

XIII

Roberto enamorado

Cerca de seis meses após nosso primeiro reencontro, organizei um jantar para comemorar o aniversário de uma amiga. Reuni alguns amigos em comum e também algumas pessoas que ela desejava ter a seu lado naquela noite. Entre elas, Roberto Marinho. Mais uma vez é ele o convidado mais importante e, naturalmente, convidei-o a sentar-se à minha direita. Ele sentou-se, ladeado por mim e pela aniversariante.

Essa noite, voltei a perceber, de forma ainda mais nítida do que quando de nosso primeiro encontro, esses sinais que não enganam uma mulher sensível e feminina. Olhares, uma maneira muito cortês e charmosa de se dirigir a mim com sua voz timbrada. Sem dúvida, Roberto foi sempre um homem encantador, mas havia algo mais. Eu me surpreendia por ele ter esperado todo esse tempo sem encontrar um pretexto para me rever.

A noite foi o que uma anfitriã classificaria como um sucesso. Soube, depois, que um dos meus bons amigos havia penetrado no segredo ainda escondido no coração de Roberto, mas, no que me diz respeito, apesar das minhas sensações, julgava não poder ser responsabilizada pela ruptura da regra sagrada que consiste em respeitar o matrimônio dos outros.

Entretanto, a partir dessa noite, teria lugar um andamento tão extraordinário e tão rápido como jamais podia imaginar. Após os cumprimentos habituais, nos deixamos sem efusões especiais, como da vez precedente. Afinal, por que seria diferente? Mas senti que, ao beijar minha mão, apertou meus dedos de maneira muito íntima, sem no entanto merecer de minha parte uma chamada à ordem por receio de que os outros convidados pudessem perceber algo.

Já no dia seguinte recebi um telefonema no qual me avisava que durante alguns dias teria que jantar sozinho. Compreendi que esperava um convite, então perguntei se gostaria que nos fizéssemos companhia numa dessas noites. Tenho a nítida sensação de escutar a resposta, antes mesmo da proposta ser concluída.

Esse foi o primeiro de milhares de outros jantares, o início de uma maravilhosa história de amor. Ao recebê-lo para jantar pela primeira vez, não imaginei, por um instante sequer, que ele teria tão rapidamente essa incrível vontade, esse desenfreado desejo de nos ver juntos para sempre. Na sua idade e na que eu tinha na época, era inconcebível pensar em um caso. Roberto me declarou seus sentimentos sem muita demora. De repente parecia possuído de um sentimento imperioso, apressado, apaixonado. Confesso, repito, ter ficado sensibilizada, envaidecida, lisonjeada, mas a precipitação não faz parte de meus hábitos, especialmente em se tratando de sentimentos.

Afinal, o que me garantia que o tempo não provaria ser esse entusiasmo, esse arrebatamento apaixonado, simples fogo de palha? Quem poderia afirmar que esse homem sério, em geral tão ponderado, poderia pôr abaixo as conveniências, sua própria rotina de vida, sem o risco de retomar bem rápido sua vida pela força do hábito? E, depois, o que ele sabia dos meus sentimentos? O que sabia eu mesma deles? Tudo caminhava de forma rápida, muito rápida. Aos 20, mesmo aos 30 ou aos 40 anos podemos nos enganar; mas em nossa idade! Então, sem ferir seus sentimentos e sem desencorajá-lo, chamei-o à razão, pedi que déssemos tempo ao tempo. Cada um de nós tinha suas responsabilidades familiares. Assim sendo, era preciso evitar todo e qualquer ato impensado, qualquer precipitação.

Confesso que nos meses seguintes surpreendi-me ao descobrir a determinação férrea de um homem enamorado, o que ainda me traz boas recordações. E não se tratava de um homem qualquer, mas de Roberto Marinho enamorado! Comecei a entender como esse homem havia constituído um império inacreditavelmente grande e importante pela maneira como foi eliminando todos os obstáculos, todas as resistências, uma após outra, imbuído de uma vontade rija como o aço. Jamais em minha vida fora testemunha ou objeto de uma tal conquista. Nada devia nem podia resistir a seu desejo.

Ao escrever essas linhas penso, com lágrimas nos olhos, em todo o amor que foi necessário a esse extraordinário ser humano para enfrentar as dificuldades surgidas, sem nunca deixar de considerar que seus sentimentos deveriam triunfar sobre qualquer outra consideração. Nada, é verdade, poderia lhe opor resistência, apesar das dificuldades e dos obstáculos.

Eu não era, podem acreditar, uma mulher calada e submissa que jamais expressa sua opinião, pois não queria ser uma estrangeira em nosso relacionamento. Embora minhas responsabilidades não se comparassem às de Roberto, eu era mãe e, portanto, responsável pelo futuro de meu filho. Também, por força das circunstâncias, tornei-me uma mulher de negócios, mais especificamente uma fazendeira. Nessa época eu era responsável por numerosas exportações agrícolas. Havia me engajado, com temeridade, na plantação de um milhão e setecentos mil pés de café. Além do mais, cabia a mim gerir, administrar, tudo que herdara de Horácio. Possuía alguns bens e, que fique bem claro, por tratar-se de Roberto, eu estava segura de não estar sendo cortejada pelo meu dinheiro; de que não havia interesse financeiro em toda a sua demonstração de afeto. O mesmo acontecia de minha parte. Ninguém pode dizer, nem tal possibilidade jamais foi aventada, que meus sentimentos estavam misturados a um desejo de enriquecer. Portanto, só nos restavam o amor e as flechas que Cupido não cessou de lançar, durante esses 14 anos, e que encheram de satisfação nossas vidas.

Na primeira semana em que exprimiu, confessou e reconheceu seu amor, Roberto manifestou o desejo absoluto de construir uma relação amorosa. Eu não estava assustada com tanta rapidez, mas, por motivos distintos, não pretendia renunciar a uma certa prudência e moderação. Talvez por ser mulher e por ter sido casada durante 45 anos com o mesmo homem, não me parecia possível anunciar no Rio, no Brasil, uma relação com um homem tido como o mais poderoso do país. E uma ligação entre a viúva do célebre Horácio de Carvalho e o "*faiseur de rois*" não daria origem a uma fofoca ainda mais inverossímil e saborosa?

Isso não podia acontecer. Não em nossas idades. Não em nossas condições. Então, quando Roberto se mostrava mais carinhoso, mais apressado, eu apelava, gentilmente, a seu bom senso por diversas razões: ainda não estava segura da força titânica de seu desejo e o colocava em posição de cautela. Cheguei a aconselhá-lo, quando quis fazer comigo uma viagem para Portugal e Itália, a fazê-lo com aquela que ainda era sua mulher. Ele ficou surpreso, mas lhe fiz compreender que era importante que assim fosse. Em primeiro lugar, por ele, para que pusesse à prova seus sentimentos e refletisse, pesasse, durante essa viagem, as conseqüências. Quem sabe não tomaria consciência de que o laço existente há tanto tempo era mais forte que o que ele afirmava ter nascido naquele dia em 1941, no Copacabana Palace? Mesmo se esse sentimento tivesse sido seu companheiro ao longo de tanto tempo, ele não o impedira de se casar duas vezes e de ter esses maravilhosos filhos com sua primeira mulher, Stela.

Quando lhe dei a conhecer minha decisão de vê-lo partir com sua mulher, mostrou-se surpreso, triste, especialmente quando lhe expliquei os motivos que me haviam determinado a tal atitude. Gentilmente me disse:

— Mas, Lily, isso é perigoso para você.

— Eu quero correr o risco. Devo correr o risco! — retruquei. A história provou que seus sentimentos em relação a mim eram sérios.

Outras dúvidas me assaltavam. Tínhamos nossas rotinas, nossos hábitos, nossas maneiras de fazer e de ser bem enraizadas e alterá-las representava um outro risco

— e que risco! Era preciso colocar tudo isso na balança ao tomar uma decisão.

Expressei minhas dúvidas, baseada também no fato de que ele não me conhecia o suficiente, ao que retrucou:

— Lily, você está enganada; eu a conheço muito bem!

XIV

A paixão

Eu não queria um relacionamento amoroso e tudo o que ele exige sem ser casada, e, assim, ele teria que efetuar grandes mudanças em sua vida. Precisaríamos anunciar a nossos filhos a decisão tomada e, enfim, ter a certeza de que nossos gostos eram parecidos o suficiente para podermos, deixando de lado a paixão, compartilhar horas, dias, noites, meses e anos.

Não podemos conhecer um ser tão extraordinário e complexo em poucos dias, em poucas semanas. Era importante enfrentarmos as dificuldades que possibilitam evitar os erros, a precipitação, e que permitem nos conhecermos melhor.

Roberto tinha um bom conhecimento e um verdadeiro interesse pela música, o que constituía uma das paixões que poderiam ser por nós partilhadas. A propósito de música, eu gostaria de contar uma história ilustrativa de dois pontos importantes, interessantes, e, por isso mesmo, engraçada, que bem demonstra como era a sua personalidade.

No ano de 1990, compareci a um concerto no Theatro Municipal do Rio de Janeiro. Nessa época, Roberto havia solicitado que, de seu lugar, pudesse me ver no camarote onde eu sempre ficava. No intervalo, discretamente, vem me fazer uma visita. Está feliz, emocionado como sempre, mas discreto; nenhum gesto inadequado. Nada que pudesse me colocar em uma situação delicada, sob o prisma das convenções pelo menos! O concerto termina e, por uma razão inexplicável, já que isso me ocorreu muito raramente na vida, ao sair, acompanhada de amigos, me senti mal e desmaiei. Oh! Não por muito tempo, mas o suficiente, entretanto, para que, apesar de minhas negativas, chamem um médico que me acompanha até em casa, recomendando-me jantar um pouco e repousar bastante. Mais tarde Roberto me telefona. Me diz do prazer em poder me admirar, de seu lugar muito bem localizado, de forma a ver não apenas a orquestra e o solista mas também a mim. Me fala de como havia admirado a qualidade da música e de como gostaria de ter assistido ao espetáculo a meu lado. Depois me pergunta como me sinto, como estou passando e então lhe conto do mal-estar e do desmaio. Qual não foi minha surpresa ao ouvi-lo fazer um comentário ao mesmo tempo estranho e maravilhoso:

— Mas, Lily, por que você não desmaiou em meus braços quando fui visitá-la?

Confesso que essa resposta me deixou emudecida. Que orgulho mas também quanto amor! O que o incomodava, de repente, não era em absoluto minha saúde, mas o fato de eu não ter desmaiado em seus braços. Vejam como era o meu querido Roberto, comungando comigo da música e ingenuamente humilhado por eu não ter desmaiado em seus braços e sim nos de um embaixador amigo! Isto posto, o mal-estar não tinha nenhuma importância.

"Escondíamos nosso amor" em minha fazenda do Vale do Paraíba do Sul. Íamos de helicóptero: justo eu que detesto tudo que voa, à exceção dos passarinhos...

Meu namorado não apreciava o meu anseio de manter a discrição. A primeira vez em que tiraram uma foto nossa, publicada nos jornais, foi quando o acompanhei, com alguns amigos e artistas, ao Canadá, onde receberia um prêmio. Muitos percebiam que seus olhares, sua atenção para comigo significavam bem mais que simpatia e amizade.

Em 1989 recebi um convite para passar o Carnaval na sua casa em Angra. Havia um grupo de pessoas, mas eu não era a dona da casa. Como confessar que Roberto não hesitava em me surpreender, entrando em meu quarto sob um pretexto ou outro? Roberto tinha o hábito de dormir cedo e também acordava cedo. Um dia, quando sua mulher estava na praia, ele entra no meu quarto e me desperta com um beijo no pescoço. Eu o repreendo e ele se desculpa dizendo que não iria demorar mais do que dois minutos. Tentei fazê-lo compreender que o amor e mesmo a paixão não deviam ultrapassar os limites do razoável, os limites das conveniências sociais.

Na véspera do desfile das escolas de samba do primeiro grupo, me lembro de que eu havia prometido a amigos muito queridos passar essa noite de loucura no camarote que havia alugado. Assim sendo, anunciei, com um pouco de tristeza, o compromisso que me obrigava a voltar antes do previsto para o Rio. Apesar do insólito da minha presença, eu não queria ferir o amor-próprio de ninguém. Fiz Roberto saber da minha decisão. Qual não foi minha surpresa ao ouvi-lo dizer:

— Volto para o Rio com você para assistir ao desfile no Sambódromo.

Achei que ia passar mal. Haviam me contado que um casal de convidados havia comentado em voz alta: "Desta vez Roberto está loucamente apaixonado." Mas, apesar da liberdade que reina no carnaval, apesar das promessas e dos compromissos assumidos, tudo fiz, com a ajuda de uma amiga, para demovê-lo da idéia.

A paixão é uma espécie de doença, uma patologia. Ela nos impede de comer, nos impede de dormir. Nada mais estranho que o comportamento de uma mulher ou de um homem possuídos pela paixão. Eles não são mais eles mesmos. São capazes das piores bobagens. Mas não se cura uma paixão: não há remédio, medicamento. Somente o tempo acalma, apazigua os efeitos desse estranho estado. Ela pode ser perigosa, desastrosa mesmo, mas aqueles que não a conheceram não podem reivindicar o estigma do amor. A paixão queima o coração, a alma, até mesmo o corpo. Ela tanto pode nos envelhecer como rejuvenescer. A paixão faz de nós crianças quando até então nos julgávamos os mais sábios dos adultos. Mata-se por paixão, dizem. É difícil viver dessa forma, manipulada por esse sentimento. Mas não ter conhecido a inquietação, a desorganização que ela provoca? É como se faltasse à vida uma dimensão essencial. Oh não! Eu não me arrependo de ter visto Roberto enredado pelo turbilhão da paixão. Mas às vezes é preciso restabelecer o que foi por ela perturbado, retomar comportamentos mais moderados. Eu não tinha a menor intenção de ver Roberto cometer, talvez pela primeira vez em sua vida, o erro de abandonar seus amigos e sua família para viver momentos intensos, é verdade, mas, mesmo se o tempo urgia, era preciso termos paciência.

Quando tomou a decisão de se divorciar, Roberto passou a jantar em minha casa na Avenida Atlântica. Essas primeiras noites — ah, bem-comportadas por sinal, pois, apesar do seu desejo, eu não queria, pensando em nós e nos outros, transpor etapas queimando outras — foram para nós dois um aprendizado da vida em comum. Eu começava a conhecer seus gostos, seus hábitos, suas pequenas manias. Eu estava extremamente atenta procurando fazê-lo feliz, descontraído. Aprendi, de um jeito ou de outro, a conhecê-lo, já que iria compartilhar de sua intimidade, já que iria me ocupar dele. Como disse antes, sou esposa de corpo e alma para aquele que é meu esposo; nesse caso, meu futuro esposo.

Estava firmemente determinada a agir de forma a que ele se sentisse o mais confortável possível. Que estranho! Ao aproximar-me mais, notei que esse homem tão poderoso, tão elegante, prestava muito pouca atenção a tudo que faz da vida uma verdadeira arte de viver. Eu me preocupava, especialmente, com o que a cozinheira ou às vezes o chefe de cozinha prepararia para o jantar. Eu perguntava a Roberto seus pratos favoritos e o que lhe serviam em casa. Depois de muita insistência, ele me deu uma resposta, talvez injustamente exagerada, mas que refletia seu estado de espírito:

— Ah, Lily, minha casa é habitada por mais de trinta gatos. Assim sendo, Lily, em casa eu como o que os gatos gostam.

Roberto não era um grande gastrônomo, como existem tantos no Brasil, apaixonados pela cozinha francesa, italiana ou chinesa, mas sem dúvida porque eu dava muita importância ao sabor dos alimentos, aos pratos, à estética da apresentação, ele começou a tomar gosto por minhas atenções, principalmente porque sempre respeitei seu estilo de vida saudável.

Mas em minha casa, assim como depois em nossa casa, onde ele recebia os homens e mulheres mais poderosos do mundo, sempre me preocupei em servir simplesmente o melhor. Digo simplesmente porque o melhor está longe de ser o mais sofisticado. Por vezes o melhor é sinônimo de autenticidade, de frescor. Sim, repito, afirmo, não há maior sofisticação que a simplicidade.

Quando saiu a sentença do divórcio, já usufruíamos uma forma de proximidade que, em seu espírito e cada vez mais no meu, equivalia a um noivado.

Um dia, em Angra, quando cheguei, meu noivo saltou em minha direção. Deve ter esquecido que não tínhamos mais 20 anos, pois seu pulo foi o de um jovem. O resultado foi que se machucou e pisou meu pé, fazendo com que eu mancasse por vários dias. Roberto era de um vigor e de uma força física absolutamente excepcionais.

Fomos a uma festa de aniversário que seria comemorado no alto do Corcovado, aos pés do Cristo. Como as escadas rolantes ainda não tinham sido instaladas, ele subiu os 360 degraus! Fora de cogitação servir-se dos braços dos seus guarda-costas para socorrê-lo.

Todos os dias descobria, com surpresa, uma nova faceta de Roberto: uma mistura de orgulho e machismo sul-americano com a sensibilidade e a cortesia de um homem do mundo, de um grande senhor. Havia um misto sutil de ingenuidade, de humor e uma grande segurança em relação a si mesmo.

Em 1992, fomos a Barcelona assistir aos Jogos Olímpicos. No porto da cidade, um enorme iate ancorado, pertencente a um homem de negócios eslavo. No barco, um grupo de pessoas conhecidas: uma mistura inteligente de pessoas notáveis e outras nem tanto. Ele queria, a todo custo, que eu o acompanhasse a um concurso hípico onde encontraríamos alguns desses personagens. Manifestei uma certa hesitação, quase um constrangimento. Um pouco bruscamente ele me perguntou o porquê. Respondi-lhe, hesitante:

— Você acha conveniente que nos vejam ao lado deles? Eles não gozam de boa reputação.

Sua réplica foi extraordinária:

— Não sei quem possa ter lhe dito isso, mas aonde quer que eu vá, onde quer que eu esteja, você pode e poderá me acompanhar, sem nenhuma exceção.

Vejam só o tipo de pessoa com quem me envolvi: um ser humano não somente decidido mas que considerava, como dizem a respeito das pessoas que gozam de sólida reputação na grande sociedade, que a presença delas, onde quer que seja, torna o lugar respeitável.

Roberto me pressionava para termos uma vida em comum e, apesar do desejo aumentando, no sentido de querer partilhar de sua vida, eu não podia imaginar fazê-lo sem respeitar regras importantes para mim. Alguns haverão de me considerar antiquada, mas sempre tive princípios. Era-me impossível viver com Roberto sem estarmos casados.

Então, um pouco surpreso a princípio com a minha resistência, Roberto, seguro de seu amor, determinado a querer mostrar ao mundo sua felicidade, deu início ao processo de divórcio.

XV

Pedido de casamento

Ele não fez nada de especial, entretanto... É preciso lembrá-los de que, quando Roberto me pediu a mão, estava no apogeu de sua glória.

Quando um dos homens mais poderosos da América Latina se declara, estando você só há bastante tempo e tendo sempre preferido os seres apaixonantes, como não se impressionar com a demonstração de tantos sentimentos de admiração? Como permanecer insensível?

Quando esse mesmo homem confessa que, durante 44 anos, nunca esqueceu o primeiro encontro, quando diz achá-la bela... Como não se sensibilizar?

Ele sabia que eu não tinha necessidade de dinheiro. Sob esse prisma, o casamento com Horácio me havia deixado em boa situação financeira. Então podíamos nos amar simplesmente pelo que éramos.

Eu era 17 anos mais jovem do que Roberto quando ele me "reencontrou", como dizia. Deveria dizer quando me encontrou, pois essa impressão de reencontro, confesso, não foi jamais a minha, mesmo não a tendo desmentido, já que ele pensava e acreditava nisso.

Dizer que não houve um gesto, uma palavra, seria mentir, pois Roberto tinha uma conversa brilhante. Sabia se expressar com maestria em seu idioma e eu seria bastante insensível se me mostrasse indiferente a seus gestos. Comigo, pelo menos, sempre foi muito terno, muito afetuoso. Não sei de onde vem a lenda que mostra Roberto como um homem sempre extremamente frio, distante e pouco afetivo.

Eu também não estava no auge de minha juventude. Sejamos francos, na minha idade novas núpcias raramente são fruto do amor. A idade e a experiência levam mulheres e homens a pensar principalmente em casamentos de conveniência. É muito freqüente encontrar homens e mulheres que a vida castigou, deixando-os viúvos muito jovens, quando ainda não abdicaram do desejo e da força de viver que habitam suas almas e corpos. Atualmente os divórcios também são responsáveis por grandes naufrágios, em que homens e mulheres sobrevivem, a duras penas, a processos desonrosos, discussões odiosas e sofrimentos muitas vezes mais penosos que os provocados pelo desaparecimento repentino do companheiro. Entretanto os casamentos depois de uma viuvez ou de um divórcio costumam ser mais felizes que o anterior. Como se o primeiro tivesse sido apenas um esboço ou um experimento, enquanto o segundo seria uma realização, um resultado. Será graças à experiência adquirida ou por reconhecermos defeitos, traços de caráter e manias com os quais não podemos conviver? De qualquer forma, o segundo esposo corresponde melhor à nossa personalidade.

Na época em que me casei, as jovens colocavam o véu branco e trocavam alianças, diante do padre, muito jovens (18, 17, algumas vezes 16 anos). Corro o risco de repetir fastidiosamente a mesma coisa, mas acho necessário lembrá-los de que o divórcio era proibido. Como explicar hoje a minhas noras, em breve a minha neta, o que pode representar para certos casais e famílias um mundo, uma sociedade onde o divórcio não existe? Nunca enfrentei esse problema, pois, apesar dos momentos muitas vezes difíceis atravessados durante o casamento, jamais, à exceção de algumas raras vezes, tive o desejo (aliás, rapidamente reprimido) de romper um laço que a Igreja Católica considera indissolúvel. Além do mais, sou daquelas que sempre lutaram pela consolidação da união do casal. Ser uma esposa deveria consistir numa vocação. Precisei fazer concessões, precisei perdoar, entretanto nunca fechei os olhos. Não, não sou do tipo que deixa passarem as coisas sem que fique bem claro que jamais serei cúmplice ou vítima. Perdoar às vezes, diria mesmo com freqüência; esquecer raramente, às vezes nunca. É uma forma de exigência mas também um sistema de defesa. Acredito que funcione, já que fui casada por praticamente sessenta anos.

Conheci muitos amigos, animados pelo respeito e por sentimentos afetuosos, que, sabiamente, mantiveram um casamento por toda a vida, numa espécie de excelente companheirismo. Parecem, contudo, renunciar, com raras exceções, à loucura da paixão, ao fogo e às flechas do Cupido. Dão a impressão de que sentimentos amorosos não combinam mais com suas idades. Se acreditássemos no que dizem, haveria uma idade específica para o amor, um tempo preciso. Não emiti nem emito julgamentos sobre essa forma de ver a vida, pois cada um deve respeitar a história do outro. Para Roberto e para mim, não houve remédio nem vacina contra o amor. Pelo contrário, encontramos a fórmula, sem todavia buscá-la, para que nossos corações fossem incendiados pelas chamas à menor faísca. Eis a prova de que a idade não é, e certamente nunca foi, empecilho para o amor. Se amor é sinônimo de juventude, então eu e Roberto soubemos nos manter muito jovens.

Assim que o divórcio foi homologado, Roberto desejou que eu me instalasse na casa do Cosme Velho. Acreditava que já estava na hora de podermos lá nos instalar, que tudo havia sido acordado atendendo aos interesses dele e da ex-mulher e, em conseqüência, que era preciso passar a habitar a casa que ele já chamava de "nossa casa".

Ora, sabemos bem que as reformas pelas quais precisa passar um apartamento, antes de nele nos instalarmos, levam muito mais tempo do que o originalmente previsto. Sabemos também que não é fácil sair de um apartamento. Mas Roberto acabou por perder a paciência, pois lhe parecia que a situação se estendia por um tempo longo demais. Inventou, então, uma espécie de estratagema que, mais uma vez, prova sua determinação e talvez seu espírito de proprietário ou — quem sabe? — de macho.

Lembrou-se de que a piscina precisava de reparos, embora não urgentes. Entretanto me disse que pretendia providenciar para que a obra fosse iniciada de imediato, pois assim estaria pronta por ocasião de nossa mudança. Assim sendo, alguns dias depois, os operários começaram a trabalhar, atacando com britadeiras as fundações de concreto da piscina. Acontece que o horário em que iniciavam o serviço não era necessariamente aquele em que os vizinhos e os moradores da casa acordavam. Depois de alguns dias, a casa estava à nossa disposição. Cansei de dizer-lhe, gentilmente, que não havia pressa, mas estava determinado a voltar para seu lar, com todos os seus quadros, seu jardim, os flamingos cor-de-rosa e o rio Carioca.

Ele não conseguia mais conter sua impaciência e, se pudesse, teria me tomado em seus braços, subido as escadas da entrada da casa e me depositado aos pés da escadaria que leva ao quarto. Ele queria que nos mudássemos o mais rápido possível para o Cosme Velho.

Nasci e cresci como uma boa franco-inglesa, recebendo o nome escolhido pelo meu pai. Lily, em inglês, não é só um apelido, um diminutivo, mas o nome de uma flor. Na França, como na Inglaterra, o sobrenome da mãe é sacrificado no altar sacramental do casamento.

Só agora, com o crescimento dos divórcios e o trabalho das mulheres, então simplesmente esposas, a França mudou a legislação, mas por motivos que nada têm a ver com a tradição ibérica, espanhola e portuguesa — e, portanto, com a brasileira. Na Espanha, como aqui, o sobrenome da mãe parece até mais importante que o do pai.

Quando cheguei ao Brasil, a força dessa tradição, tão diferente da de meus pais, me surpreendeu. Existe, parece, uma diferença entre, por exemplo, a Espanha e a França, em que o sangue nobre se transmite, como o sobrenome, mais pela mãe do que pelo pai. Dizem nesses países que de um ventre nobre sempre sai um filho nobre. Na França e na Inglaterra esse tipo de tradição parece inaceitável, insensata. É verdade porém que a filha do rei da

Inglaterra pode herdar o trono, o que na França seria inaceitável devido à famosa Lei Sálica, na qual estabelecia-se que o primeiro filho nascido seria o único herdeiro — título e terras do pai.

Sempre me perguntei a razão dessa diferença. Um amigo de Roberto, acadêmico, ensinou-me que a tradição judaica é igual à da Espanha, já que o Talmude especifica que do ventre da mãe saem crianças judias; a transmissão é através das mães e não dos pais! Parece que essa visão se encontra em muitas outras civilizações sem porém ser a regra geral.

"Verdade deste lado dos Pirineus, mentira do outro lado", já dizia Montaigne no século XVI.

Ao me pedir em casamento, uma das preocupações de Roberto foi respeitar minha identidade. Eu era, em resumo, bastante conhecida, e sem ser, como dizem os ingleses, *famous* (famosa), eu era, como dizem, *notorius* (tinha notoriedade). Estranhamente, quando casei com Horácio, ele havia atendido a meu desejo de não unir meu sobrenome ao seu: abandonar meu nome de solteira e usar apenas o dele. Roberto fez algo ainda mais elegante:

— Lily — me disse um dia —, o sobrenome de seu primeiro marido é o que você usa há mais de cinqüenta anos. É conhecido e respeitado em todo o Brasil; é o seu sobrenome, então acredito que você deva conservá-lo.

Fiquei muito sensibilizada, profundamente comovida com sua delicadeza. Roberto não rejeitava meu passado, um passado de cinqüenta anos de casamento e viuvez; ao contrário, ele o respeitava, o reconhecia. Ele era assim... Essa foi uma das primeiras provas de uma longa série que me transformou de uma noiva admiradora, respeitosa, fascinada por sua inteligência e poder, naquela em que passei a ser ao longo de nosso casamento: uma esposa amante, loucamente apaixonada.

Lily Monique de Carvalho Marinho foi o nome inscrito nos "pergaminhos" que um juiz nos apresentou um dia no Cosme Velho.

Sendo católica, quis me casar não apenas no civil mas também no religioso, porém o cardeal D. Eugênio Salles, amigo de Roberto, disse que a anulação do segundo casamento seria muito difícil, já que o primeiro não havia sido anulado. Roberto, a título de consolo, me disse:

— Esqueça tudo isso. Somos tão felizes... Quem sabe o casamento no religioso pode vir a nos dar azar?

Surpreendentemente, apesar do prestígio de que gozava o sobrenome Carvalho, este não permaneceu. À medida que nossa união se tornava mais sólida, que nosso amor crescia, de tanto talvez sermos conhecidos como "Senhor e Senhora Marinho", nossos amigos e os jornais esqueceram o Monique, depois o Carvalho, para me chamarem apenas pelo meu primeiro nome e pelo sobrenome de Roberto. Hoje só assino minhas cartas, meus cheques com essas duas palavras: "Lily", meu elo com minha querida mãe e também com meu pai, e "Marinho", com meu marido. Assim, não renego meu passado mas é preciso reconhecer que "Marinho" é, há bastante tempo no Brasil, um nome de família de extraordinário impacto. Ele se basta a si mesmo. Não há necessidade de adicionar nenhum outro sobrenome. Para os brasileiros, e para mim mesma, portanto, ele é o símbolo de uma obra imensa, de um trabalho admirado por todos.

Sei que algumas pessoas têm o mesmo nome de família sem ter nenhuma ligação com nossa família; embora tentem passar essa impressão. Hoje, ainda, sou reconhecida a Roberto pela delicadeza do início de nossa relação, mas também por ter aceitado que todos ou quase todos me chamem simplesmente de "Lily Marinho".

Essa foi uma das afetuosas atenções e, simbolicamente, muito especial, de que sempre foi capaz meu marido. Quanto aos meus prenomes, não tenho nada a dizer exceto que, com freqüência, me perguntam se são uma abreviação ou um apelido. Alguns gostariam que eu tivesse um nome nobre como Elisabeth ou Lisbeth ou Lilybeth. Não, me chamo simplesmente Lily por uma razão particular: a vontade anglo-saxônica de meu pai de que eu tivesse o mesmo nome de minha avó paterna. Ele agiu corretamente, pois falo, é verdade, bastante bem minha língua materna; com fluência, embora com sotaque, o português, mas a minha língua paterna... reconheço, humildemente, falar muito mal. Quando era jovem, o francês era a língua das conversações, a língua falada por todo mundo, pelo menos pelas pessoas que viajavam, antigamente em número bem mais reduzido do que hoje.

Monique, escolhido por meus pais, foi o tributo ao cristianismo, a concessão à tradição católica de mamãe que até hoje espera que o nome de batismo da menina seja composto pelo prenome da mãe, da avó e depois o próprio. Tenho, portanto, como segundo prenome o mesmo que o da mãe da minha mãe. Vários prenomes servem também para evitar confusão, pois os homônimos são comuns; mas como Lily, particularmente escrito L.I.L.Y., não corri, até o momento pelo menos, esse risco.

Compreendo que Roberto tenha desejado casar-se logo, uma vez tomada a decisão de me pedir a mão. Queria que vivêssemos juntos o mais rápido possível, mas nós mulheres, apesar de nosso próprio desejo, controlamos melhor nossos impulsos.

XVI

Aprendizado da vida a dois

Quando, atendendo a seu pedido, me instalei na casa do Cosme Velho, não havia elevador. A bela mansão era mais do que austera.

Não quis alterar seus hábitos, principalmente porque eram saudáveis e foram responsáveis, sem nenhuma sombra de dúvida, por sua vida longa. Eu, particularmente, raramente observei em um homem tamanha sobriedade. Pouco vinho, nenhum álcool. Roberto não se parecia em nada com todos que vi, e vejo ainda, com uma garrafa de uísque na mesa dos restaurantes. Nada de tabaco: nem cigarros nem charutos. Esses hábitos influíram decisivamente para afastar as doenças que o álcool e o tabaco sempre provocam em milhões de pessoas por ano apenas no Brasil.

Ele não tinha necessidade desses "falsos paraísos". Tomava apenas um copo de um bom vinho, um pouco de champanhe, nunca excessivamente. Numa cidade como o Rio, agitada e em permanente delírio, Roberto não foi vítima de noitadas, das fadigas da madrugada. Não, ele gostava de dormir cedo, se levantar cedo, adorava praticar esportes, especialmente salto de obstáculos a cavalo, que seu filho João Roberto pratica na Hípica, mantendo uma tradição estabelecida pelo pai há mais de sessenta anos. Em Angra, ele podia satisfazer sua paixão pelo mergulho submarino.

Junto com os cavalos, o mergulho foi a paixão de quase toda uma vida. Nada de mais vivificante, excitante para ele que mergulhar nas águas extraordinárias da baía de Angra. Descobrir as belezas da flora e da fauna marinhas. Nas águas transparentes, as algas, os corais e os peixes que vêm buscar em nossas mãos, como pássaros, um alimento que muitas vezes não temos.

Austero, diziam! Roberto, a meus olhos, não é esse ser severo como o pintam várias vezes. Ao contrário! À mesa, mantinha a mesma vida saudável que no esporte: detestava um menu pesado. Amava os pratos simples e jamais repetia. A gula não era seu maior defeito.

Entretanto acolheu com contentamento minha sugestão de construir duas pontes japonesas, no estilo das de Giverny, onde se localiza o jardim de Monet. Quando quis modificar a cozinha, aceitou, sem titubear, que o famoso chefe Laurent Suaudeau nos ajudasse na concepção do projeto. Porque Roberto recebia muito — até os últimos dias — chefes de Estado e personalidades importantes. Por isso, a reforma da cozinha se impunha. Mas também compreendi que ele gostava, mais do que demonstrava, de receber seus amigos. Então me empenhei em ser, a seu lado, uma anfitriã atenciosa e afetuosa. Ele adorava ter companhia, alegria, contrariamente à sua reputação. Será porque as pessoas próximas a ele temiam desagradá-lo? Teriam esquecido que Roberto adorava rir, adorava fazer rir, que sem isso sua casa não tinha verdadeiramente vida?

Ninguém ousava tomar qualquer atitude que pudesse vir a contrariá-lo. Era preciso ousar. Eu ousei!

Não havia na casa ar-condicionado em todos os cômodos, e, no verão, apesar da floresta e do rio Carioca atravessando o jardim, as salas não eram bem arejadas. Quando os lustres e velas brilhavam intensamente, fazia mesmo muito calor. Então, com seu consentimento, pouco a pouco, desejei dar a esse "grande monge", a essa espécie de eremita, um conforto, uma doçura, uma arte de viver que não possuía. Para mim foi motivo de enorme satisfação e surpresa ouvir seus amigos me falarem do que chamavam de metamorfose.

Sempre desconfiei dos bajuladores e aduladores cuja profissão é nos convencer de que o tempo está lindo quando chove, que emagrecemos quando engordamos e que nossa tez pálida e fatigada nada mais é que um híbrido do pêssego e da rosa! Mas, quando os filhos de meu marido começaram a me dizer de como encontravam o pai mudado, feliz e menos tenso, quando seus amigos fiéis me faziam confidências dizendo jamais tê-lo visto assim e afirmando que sua vida agora era diferente, comecei a acreditar que minha influência lhe era benéfica.

Nasci para ser esposa. Isso jamais representou para mim peso ou embaraço. Acredito mesmo que isso não deponha contra mim, que não devo ser condenada por ser uma dona de casa e, se alienação houve, foi proposital, consentida.

E foi assim que entrei nessa grande e bela casa com sentimentos contraditórios. Eu morara por muito tempo num universo onde tudo era meu, meus próprios objetos, meus próprios quadros, para que de repente não me sentisse, embora não o quisesse, estrangeira em nosso novo domínio.

Uma mulher, uma esposa de origem francesa, tem idéias muito precisas sobre a forma de comandar uma casa. Ora, eu entendia de casas tempo suficiente para que, ao entrar na casa do Cosme Velho, não percebesse a que ponto era preciso senti-la, respeitá-la, mas também fazer um pacto com ela.

Veneza, Petrópolis, minhas outras fazendas, o apartamento de Copacabana, todas propriedades sob minha gestão; pedra e madeira que formam um corpo vivo com suas próprias almas, suas doenças e seus segredos. Não se toma uma casa de assalto, sua conquista não pode ser feita de forma brutal, mas ela deve, entretanto, aceitar seus donos, particularmente os novos. O que me chamou a atenção, já disse, foi não só a beleza do lugar, a riqueza das coleções, mas o fato de perceber a que ponto essa casa se parecia mais com um castelo ou com a casa-grande de tempos antigos do que com uma casa moderna.

Quem acreditaria que Roberto Marinho tinha gostos e hábitos de um homem de extrema simplicidade? Entretanto, nos homens poderosos e inteligentes, isto é mais comum do que supomos. Quando eu fazia comentários a respeito, Roberto citava, muito à vontade, sem modéstia, grandes líderes políticos: Atatürk, Francisco José, da Áustria, D. Pedro II e até mesmo Napoleão, se não me engano. Roberto não tinha objeções quanto à convivência com os poderosos; mantinha relações constantes com pessoas importantes não só do Brasil, mas de todo o mundo. São esses homens que, em seus escritórios ou casas, são os mais comedidos, espartanos e modestos.

Roberto era assim. Poderoso com os poderosos, mas, uma vez entrando no parque do Cosme Velho, em seu

Lincoln blindado, um homem incrivelmente modesto ganhava vida.

Nada da extravagância atribuída com freqüência aos grandes deste país, pelo contrário. A sobriedade e uma verdadeira forma saudável de viver — esses eram os luxos de meu marido. Havia pouca fantasia em seu cotidiano e em sua maneira de viver, certos traços de um monge.

Não havia nada a dizer a respeito da casa, mas tudo o que pode tornar mais confortável o cotidiano de uma pessoa de certa idade estava ausente. Roberto não tinha nenhuma noção de conforto. Assim, eu trouxe para o Cosme Velho uma certa comodidade, o que não lhe tirou seu aspecto um pouco palaciano, mas facilitou nosso dia-a-dia e proporcionou uma melhor acolhida a nossos visitantes.

Por exemplo, levei quase dez anos para convencer Roberto da importância de colocar ar-condicionado central nos salões do andar inferior. É estranho como os médicos gostam de nos recomendar caminhadas, exercícios, mas não se preocupam em preservar o uso das cartilagens dos joelhos, dos quadris. Não há retorno, é impossível que voltem a crescer, se fortalecer. É claro, algumas vezes em nossas idades, o corpo humano tem em sua constituição mais próteses que células ósseas! Subir escadas várias vezes por dia não pode fazer bem a um octogenário! Roberto era uma exceção da natureza, mas isso não o impediu de ter uma horrível fratura da tíbia e do perônio ao escorregar no banheiro. Como viver em uma grande casa, com vários andares, de forma o mais normal possível sem um pequeno elevador — bem modesto, por sinal! — para ajudar a evitar a escalada, pelo menos duas vezes por dia, de uma "muralha" de escadas?

De uma maneira geral, nada na fisionomia da casa foi realmente alterado. Fiz instalar alguns poucos móveis e objetos e, como toda dona de casa compreenderá sem dificuldade, fui aos poucos mudando os estofados e cortinas. Talvez o ambiente da casa seja suscetível às pessoas que nela moram e a freqüentam. Bem, Roberto basicamente recebia pessoas para jantares oficiais. Ele havia se afastado um pouco de seus amigos, que perderam o hábito de tomar o caminho do Cosme Velho. Tratei de animar a casa, organizando regularmente projeções na sala de cinema, oferecendo jantares a nossos amigos e continuando a abrir as portas, como Roberto sempre havia feito, às personalidades em visita ao Rio.

O parque é tão lindo que ficou evidente para mim ser necessário providenciar uma iluminação especial. Sempre que isso era possível, eu arranjava um pretexto para receber os convidados na varanda ou mesmo no jardim. Nem sempre me agradava a instalação de tendas, de toldos e plásticos transparentes. Para Roberto e para mim, não havia nada de mais interessante a oferecer a nossos convidados, se o tempo o permitia, que o charme incrível de um céu estrelado, a vista do Cristo Redentor e o ruído da cascata do rio Carioca. Nunca vi nada mais extraordinário que o balé noturno dos flamingos, inquietos com a chegada dos convidados atravessando a ponte japonesa para se aproximar dessas estranhas aves pernaltas, cuja cor salmão as torna ainda mais insólitas à noite. Aliás, há vários flamingos que não são rosa e sim vermelhos. O mais incrível é que os flamingos vermelhos foram presenteados a Roberto por

Fidel Castro! Daí a ver uma relação de causa e efeito é o mesmo que imaginar a distância entre o Rio e Havana!

Roberto e eu tínhamos em comum o amor pelos animais. Sempre tivemos no Cosme Velho dezenas e dezenas de gatos, mas também os meus cachorros. Adoro os cães. Gosto de sua beleza, rapidez, mas eles também não me obedecem e, se não pudesse contar com a ajuda de adestradores, eles se transformariam rapidamente nos donos da casa.

Quem sabe a que ponto as carpas são mais inteligentes que os flamingos? Eu não sabia, mas Roberto quis, depois de termos nos mudado, colocar defronte do terraço, entre as rochas do rio Carioca, carpas sagradas japonesas. Essas grandes e belas carpas, vermelhas e prateadas, que viviam nos fossos dos templos ou nos tanques dos palácios, podem ficar enormes. Em francês dizemos "muda como uma carpa", mas, acreditem, jamais surda como uma carpa. Quando Roberto, que tinha verdadeira paixão por elas, se aproximava do riacho tratando-as com familiaridade, dizendo palavras carinhosas, elas começavam a pular como na história de são Francisco de Assis em seu sermão aos peixes. É claro que Roberto adorava alimentá-las. Imaginem o salto, o movimento, o barulho desses corpos pesados mas elegantes caindo na água... Cada visitante se mostrava curioso em assistir ao espetáculo dos flamingos, mas também a esse outro balé aquático...

Em Angra Roberto mandara instalar um grande aquário de água salgada, parecido com o que existe na ilha dos Porcos, de nosso amigo Ivo Pitanguy. Nada mais memorável que observar a relação entre esse explorador e os extraordinários peixes do oceano Atlântico.

Na minha fazenda Veneza, tenho alguns animais, alguns pássaros em particular, e também recebi uma visita "animal" que virou motivo de muitas histórias que faziam Roberto rir e meus netos se divertirem. Tenho um amigo que é homem de negócios. Nutro um imenso respeito por sua inteligência e fidelidade. É uma pessoa extremamente séria embora dotada de bastante senso de humor.

Eu não podia ir aonde ele trabalha. Então convidei-o a almoçar. Enquanto Roberto era vivo, impus-me uma proibição: a de jamais, em nossa casa, ficar a sós com um homem, mesmo que na presença dos empregados. Assim, quando isso podia acontecer, eu convidava uma ou duas amigas para estarem conosco. Se tínhamos que discutir negócios, podíamos fazê-lo na presença delas ou, pelo menos, a uma distância razoável delas. Bem, ele aceita meu convite, mas insiste na presença de pouca gente durante nosso encontro, pois dessa forma se sentiria menos constrangido. Concordo, mas meia hora depois lhe telefono e digo:

— Havia esquecido de dizer que vamos ter mais uma jovem convidada. Queria preveni-lo e espero que isso não o incomode.

Como homem bem-educado, imediatamente aquiesceu, agradecendo-me, confuso com minha diligência.

Às 13:15 meu convidado se apresenta no portão e o carro o deixa diante da escada que conduz à porta. Quando recebíamos visitas ou convidados, Roberto tinha o hábito de deixar sempre a porta com os dois batentes abertos, bem antes mesmo da chegada dos convidados. Conservei esse hábito. Era um jeito de Roberto demonstrar sua atenção para com os visitantes. É talvez uma das razões pelas quais, até hoje, "turistas", não contentes em diminuir a velocidade quando passam de carro, resolvem parar. Não raro — e isso sempre me causa espanto — eles pedem autorização aos guardas de se fazerem fotografar por um deles tendo a casa ao fundo. Por vezes acontece de eu me encontrar na escadaria ou na entrada nesse momento, acompanhando um visitante, e então fazem sinais de amizade, sorriem. Por vezes me sinto inclinada a me virar para ver se há alguém famoso a quem são dirigidos os acenos.

Ao longo dos anos de casamento, foi preciso me habituar a essa novidade, pois a minha pequena notoriedade tornou-se maior por estar ao lado de Roberto. Uma vez, numa cerimônia na Academia Brasileira de Letras, tive a surpresa de ver uma fila de cerca de dez pessoas se formar para pedir que eu autografasse um programa. Confesso que se minha amiga, dona Fátima de Orleans e Bragança, não houvesse sussurrado: "Não ria, Lily, e, por favor, assine", teria continuado a rir e, gentilmente, me negado a dar os autógrafos.

Mas voltemos ao meu visitante... Ei-lo na sala de jantar. Uma amiga minha está presente e, em frente a ele, foi colocada uma cadeira de criança. Instalamo-nos. Ele não faz nenhum comentário; eu também nada digo. A conversação flui agradavelmente. Vejo chegar pelo jardim um dos empregados acompanhado de uma estranha jovem. De onde estou, vejo-a aproximar-se trajando um bonito vestido, de mãos dadas com seu acompanhante. Ele empurra a porta envidraçada da sala de jantar e *pop*! Margueritte se instala em sua cadeira. Pega uma colher e começa a comer o iogurte que lhe trouxeram. Ainda rio ao lembrar-me da expressão atônita de meu convidado ao ver a bonita chimpanzé que come de forma bastante educada — talvez um pouco rápido demais — e que lhe sorri, mostrando seus dentes amarelados.

XVII

Nós dois

Levei algum tempo até me acostumar à mudança de bairro, de casa. Roberto percebeu e creio que essa foi uma das raras sombras em 14 anos de felicidade. Sombra bem passageira, pois hoje não poderia deixar o Cosme Velho, endereço onde fui tão feliz. A princípio, tão logo Roberto saía para o escritório eu ia para a Avenida Atlântica. Ao saber, ralhou comigo. Desde então praticamente nunca mais lá voltei.

Por vezes exaspero a mais paciente de minhas amigas por nunca ter tido uma secretária. Ao mudar-me para o Cosme Velho, havia uma que, a princípio, seria colocada, de imediato, à minha disposição. Aliás, ela morava na casa. Como nunca aceitei ser a tal ponto assessorada, particularmente em minha intimidade, abri mão desse privilégio. Preferi contar com a ajuda, sem que isso interferisse no seu trabalho, da secretária de Roberto. E no entanto nunca sei onde coloco as coisas! Mas não perco nada... Levando-se em conta que não jogo praticamente nada fora, é fácil imaginar a confusão que reina entre meus papéis pessoais e as fotografias que guardo com tanto prazer. Mas nada a fazer...

Ninguém, a não ser minha camareira e Edgar, nosso primeiro mordomo, toca em meus pertences. Esse meu defeito de não querer ninguém em meus aposentos reservados provoca por vezes alguns desgostos. Edgar já estava a serviço de Roberto havia bastante tempo quando aqui cheguei e imediatamente percebi seu devotamento e fidelidade para com o patrão. Ele está sempre a meu lado. Manuel, que trabalhava comigo fazia quase quarenta anos, está com meu filho. Para mim isso representa a certeza de que aquele que acompanhou o crescimento de João Baptista continuará a cuidar dele. Meu filho não o considera um empregado, mas sim um membro da família.

Roberto era do signo de Sagitário, ou seja, tratava-se de uma pessoa de fácil convivência. Em geral os sagitarianos são alegres e possuidores de uma imaginação ardente, o que era seu caso. Uma das características do signo é possuir um enorme poder de recuperação. Acredito que Roberto fosse um exemplo das pessoas de seu signo.

Quanto a mim, sou de Touro e tenho todas as características do signo: fidelidade, teimosia e preguiça. Fidelidade porque quando considero alguém como amigo, uma vez segura de que não serei traída ou ferida, sou de uma dedicação total, sem deixar que a moda ou fofocas a respeito do outro interfiram. Pouco me importa o que deles digam. Não mudo meu comportamento. Pelo contrário: não hesito em colocar-me a seu lado para defendê-las se as pessoas em questão são atacadas. Teimosia: sim, é verdade, sou teimosa. É difícil convencer-me a mudar de opinião. Por muito tempo considerei essa característica uma falha de caráter. Hoje tendo a acreditar que, na verdade, se trata de uma qualidade. Preguiça: considero-me muito preguiçosa, mas não quando se trata dos que privam de minha intimidade.

Acho que tenho "preguiças". Tenho uma nítida tendência a esquecer os convites, se feitos com muita antecedência. Prefiro que me lembrem da data e hora dos compromissos várias vezes. Trago também um péssimo hábito: sempre que preciso fazer algo, como responder a cartas, enviar convites, organizar um jantar, deixo tudo para a última hora. Quantas vezes percebi a inquietação e a dúvida de parentes e amigos quanto ao êxito da empreitada a que me propus? E de repente, como um touro investindo com sua cabeça abaixada, o turbilhão começa. Sob a pressão do tempo que se esgota, sou muito mais eficiente; meu senso de organização e a preocupação com os detalhes tornam-se mais apurados. A partir do alerta, nada me escapa — ou melhor, muito raramente. Então, como um equilibrista tendo atravessado a perigosa corda e chegando ao outro lado, sã e salva, encaro os meus com um sorriso e digo: "Estão vendo? Conseguimos!" Nisto sou uma verdadeira carioca...

Por que tanta ansiedade? Isso não impede que, no passado, tenha colocado em dificuldade pessoas que não me conheciam o suficiente para saber que, quando dou minha palavra, ela será mantida. Durante 14 anos eu e Roberto mantivemos nossa palavra.

Recebendo os convidados sempre efusivamente, fizemos do Cosme Velho um lugar digno do Rio, digno do Brasil. Ao me casar com Roberto, passei a fazer parte de uma nova família. Tive a sorte de ser uma madrasta que sempre se entendeu perfeitamente com os enteados e suas esposas. Acompanhei e acompanho até hoje, com muita discrição, suas vidas pessoais. Vejo os netos crescerem, constituírem família. Conheço todos e também meus bisnetos. Tenho um grande senso de família que se estende à família de Roberto. Privilegio sempre a harmonia e o entendimento.

Roberto Irineu, João Roberto e José Roberto são muito diferentes entre si mas têm em comum os laços que os unem de forma muito sólida, e em relação a mim uma afeição, nunca desmentida. Pelo contrário: hoje os vejo com muito mais freqüência do que quando Roberto ainda era vivo. Antes nos encontrávamos nos Natais, aniversários, batismos e outras ocasiões menos solenes. Depois da sua morte, seus filhos se tornaram mais presentes: me convidam para ir a suas casas visitá-los e sempre procuram ser agradáveis.

Roberto deve ter sido um pai severo e, talvez, para um brasileiro, pouco dado a demonstrações de afeto, mas soube lhes passar uma força de caráter que hoje lhes é bastante útil — e como! Foi um pai atencioso mas muito absorvido por seu trabalho. Para alguém com o seu renome, é extraordinária a discrição que sempre manteve. E isso soube transmitir aos filhos. Nenhum deles busca a extravagância nem qualquer outra coisa que não seja a notoriedade profissional.

Roberto costumava falar de seu pai. Tinha uma profunda admiração por aquele que havia fundado o jornal *O Globo*. Falava com prazer da infância e adolescência. Sem dúvida, a morte prematura de seu pai, quando mal havia completado 20 anos, o tornou mais consciente de suas responsabilidades para com os irmãos e irmãs mais moços e, talvez por esse motivo, tenha se entregado de forma tão tenaz ao trabalho e à continuação da obra de seu pai. Precisou fazer-se responsável muito cedo.

Por isso se casou com Stela quando já tinha 42 anos? Acredito que a mulher mais importante de sua vida, à exceção de mim, foi a mãe de seus filhos.

No que diz respeito a Roberto, o fato de ter sido solteiro por tanto tempo não é forçosamente sinônimo de um celibato forçado, absoluto. Nunca gostei que provocasse meus ciúmes, mas confesso que ele não se importava em fazê-lo. Eu tinha pleno conhecimento de alguns rumores a esse respeito, mas nunca procurei descobrir maiores detalhes nem controlá-lo, em todos os sentidos. Entretanto, quando ele se aventurava por esse terreno, tentava manter ao máximo minha calma. Posso dizê-lo, pois é uma característica minha conhecida: sou ciumenta ao extremo, a ponto de me tornar ridícula. Creio que só temos ciúmes do que amamos. Admito a leviandade de pensar que, quando não temos ciúmes, a razão é muito simples: não estamos apaixonados. Mas o ciúme pode se transformar em doença, pode chegar a extremos e trazer conseqüências tão desastrosas quanto a paixão. Uma vez, quando me falava de seu passado e de suas conquistas amorosas, retruquei sem cólera, mas extremamente magoada:

— Não me fale desse tempo e dessas conquistas. Elas não o engrandecem a meus olhos. Ao contrário!

Sou de um ciúme patológico, mas consegui, com o passar do tempo, aprender a me controlar e mudei bastante. No passado, era invadida pela cólera, chegando até mesmo a atitudes violentas. Mas quem poderia acreditar que isso era possível tratando-se de uma pessoa tímida como eu? É que tenho a audácia dos tímidos e dos ciumentos. Horácio me provocara muitas crises de ciúmes, o que não foi o caso de Roberto. No início de meu casamento com Horácio, quando possuída pela raiva, meu pescoço e colo ficavam vermelhos, uma espécie de alergia ao ciúme. Quem poderia supor que um dia, exasperada, fora de mim, quebrei o espelho de um armário com um soco? Ao me lembrar dessas histórias, me digo a que ponto era estúpida, mas o ciúme é a mais forte das bebidas alcoólicas.

Sou extremamente fiel à memória de meu filho Horacinho e à de Horácio e faço várias visitas por ano a seus túmulos, principalmente nos dias de aniversário e falecimento. Durante anos, sentia um aperto no coração ao dirigir-me ao Cemitério São João Baptista, pois ao chegar sempre encontrava no túmulo de Horácio flores frescas, símbolos de uma afetuosa lembrança. Sempre a sensação de desconforto; não podia suportar essa visão. Entretanto, talvez por superstição, nunca retirei essas flores colocadas por mãos desconhecidas; ignoro a quem possam pertencer essas mãos que até hoje, dezenas de anos passados, ainda me fazem infeliz. Hoje em dia rendo minha homenagem na véspera. Deposito as flores um pouco aborrecida, pois no dia seguinte não estarão tão viçosas; mas, ao menos, terei sido a primeira.

— Essa menina é bonita!

Víamos televisão, deitados lado a lado, e Roberto faz esse comentário a respeito de uma jovem atriz. Pronto! E o pior ainda me pergunta: "O que você acha?", de imediato, mas sem nenhum sinal de irritação na voz, digo o contrário. Encontro na moça toda sorte de defeitos: sua voz não é bonita, está malvestida... Mas não posso evitar a idéia de que talvez ele tenha dito isso com o único objetivo de atiçar meu ciúme. Então passei a adotar um outro subterfúgio. Sob vários pretextos, eu pegava o controle remoto e mudava para o National Geographic ou qualquer outro canal em que os animais fossem os atrativos principais. Acabei por ser vítima de minha própria armadilha. Com o mesmo tom de voz desembaraçado, me perguntou um dia:

— Você não acha esse macaco bonito?

Sempre me questionei se ele estava debochando de mim apenas para me demonstrar a que ponto eu podia chegar ao absurdo. Mas estou certa de uma coisa: ele nunca percebeu que eu mudava de canal quase que exclusivamente por ciúme.

Esses detalhes não tinham a menor importância, porque o Roberto do dia-a-dia era um ser cativante, afetuoso, atencioso e engraçado.

Depois de nosso casamento fomos a São Paulo. Ao chegar perto da Avenida Paulista, ele apontou em direção a uma das grandes antenas que lembram a Torre Eiffel. Ostentando um ar divertido de falsa vaidade, me disse:

— Olhe! Mandei instalar para você a Torre Eiffel.

Sem pestanejar respondi:

— Mas por que não mandou erigir o Arco do Triunfo?

Ele dizia com freqüência:

— Um dia você me amará de verdade...

A intensidade com que dizia esta frase me comovia. E ele tinha razão: meu amor crescia a cada dia. Quando me casei, me sentia lisonjeada por ser objeto de seu amor, mas, à medida que os anos passaram, fui me apaixonando perdidamente por meu marido.

Nós nos bastávamos. Podíamos ficar horas juntos sem nunca nos entediarmos. No entanto ele podia parecer enfadonho aos demais: não bebia, tinha uma alimentação, como já disse, extremamente simples, adorava esportes e nunca jogava.

Eu adoro jogar. Meu pai também gostava de jogar a dinheiro. Certa vez confessei a Roberto ter ido ao Jockey, sem nada dizer a Horácio. Na primeira corrida, um cavalo de minha propriedade é o primeiro colocado. Resolvi tentar a sorte em outro páreo: perdi. Nova tentativa: outra perda. Tive um grande prejuízo, pois seguia apostando, achando que podia recuperar a grande soma perdida. Bem, consegui saldar, com dificuldade, minha dívida, mas abandonei, para sempre, qualquer espécie de jogo.

É preciso acreditar que tínhamos outras formas de aproveitar a vida, sem os excessos da droga, os prazeres do jogo ou a embriaguez. Somos exceções? A lermos os jornais, a escutar o que nossos amigos contam, não são muito numerosas as pessoas que podem viver intensamente sem os artifícios que mascaram o jogo real da vida. Sem dúvida porque colocamos nosso gosto pelo risco em outra parte, provavelmente no trabalho, e talvez porque os fracassos e os infortúnios jamais triunfaram, mesmo tendo atravessado momentos difíceis, nem foram capazes de nos roubar o prazer pela vida e pelos empreendimentos.

A principal característica de Roberto era a perseverança. Ele só conheceu o sucesso, o verdadeiro sucesso, aos 60 anos, idade em que muitos já se aposentaram. Que isso sirva de lição a todos que acreditam ser o sucesso um privilégio da juventude.

Esse homem incrível, inventivo, intuitivo, não tinha nada de gênio atormentado, impulsivo. Era ponderado, calmo e levava a vida mais tranqüila possível. Acordava e dormia cedo, como um anjo. Sempre fora assim. A quem disser que isso acontecia porque à época de nosso reencontro fosse já um senhor idoso, respondo que todos os que o conheceram jovem podem atestar ter ele sempre conduzido sua vida dessa forma.

Tendemos a imaginar que, por ter uma vida extraordinária, seria preciso que a ação se desenrolasse como num filme, que suas experiências fossem contadas como num bestseller. Se sua vida foi um romance, e isso é verdade, não é preciso buscar a exploração de extravagâncias ou de exibicionismos espetaculares.

Roberto foi, sem dúvida, um homem corajoso — não se pode negar — e o provou. Nunca temeu os carros de alta velocidade, o perigo da descompressão quando se pratica pesca submarina. Ele não tinha medo e não se preocupava com assaltos ou seqüestros. Parece que haviam se esquecido dele, por estar sempre acompanhado de seguranças e de percorrer a cidade em carros blindados. Mas a proximidade da favela, o barulho das metralhadoras automáticas que por vezes escutamos no Cosme Velho, a leitura de seus próprios jornais ou os noticiários da TV Globo nunca o fizeram temer por sua vida. Era dono de uma fleuma quase inglesa, irritante por vezes. Estava seguro de que a sorte o acompanhava. Estou certa de que tirara a sorte grande. Com freqüência — e isso fazia sorrir seus interlocutores —, falava como se a morte não lhe dissesse respeito. A mais engraçada das histórias é, sem dúvida, a da tartaruga. Sabemos que as tartarugas podem viver 150 anos. Talvez por isso algumas pessoas bem-intencionadas tenham lhe ofertado uma tartaruga. Então, com uma falsa ingenuidade e uma verdadeira ironia, declinou do presente dizendo:

— Não posso aceitar. Vou me afeiçoar a ela e imaginem o meu sofrimento se ela morrer antes de mim...

Muito se falou, muitos comentários foram feitos sobre a sua suposta luta contra o envelhecimento. Ouvi mesmo de certas pessoas bem-intencionadas coisas absurdas, levadas ao limite da monstruosidade. É extraordinário como a imaginação humana pode produzir delírios. Não quero citar aqui os boatos inacreditáveis que circularam no Brasil. O que me assusta é o refinamento, os detalhes, o tempo gasto, a energia despendida a inventar, a elaborar romances de ficção científica. Não! Roberto não era um vampiro, um obcecado pela eliminação de rugas e pela saúde. Ele tinha s-i-m-p-l-e-s-m-e-n-t-e genes fortes, a cabeça no lugar, um astral excelente e hábitos que muitos considerariam maçantes. O resultado é que morreu gozando de boa saúde e quase centenário.

Aliás, foi pouco divulgada a cirurgia pela qual passou nos Estados Unidos. Eu, que tenho pavor da doença, confesso haver temido o pior. Ora, no segundo dia após a operação, o médico, ao chegar, fica estupefato ao encontrá-lo levantado. Pergunta num tom irritado:

— Mas o que o senhor está fazendo de pé? Deveria estar deitado. — Sua voz torna-se mais suave e dessa vez lhe pergunta: — O senhor se sente bem?

A resposta irritada de Roberto ainda me deixa sem voz:

— Estou me sentindo muito bem. Por quê? O senhor preferia que eu me sentisse mal?

Quando não tínhamos compromissos sociais ou familiares, nos entregávamos a nossos hábitos. Sempre que havia uma apresentação de ópera ou um concerto, no Theatro Municipal, comparecíamos. Não minto quando digo que vi Roberto ouvir Beethoven e Mozart com os olhos marejados de lágrimas. Após o desaparecimento de Stela, ao tomar posse da casa do Alto da Boa Vista, que havia sido dele no passado, gostava que reuníssemos alguns amigos para assistirmos a sessões de cinema. O que se desconhece é que Roberto detestava palavrões, grosserias. Nunca contava histórias indecentes. Por azar, o filme brasileiro escolhido tinha muitas gírias e os diálogos eram de uma crueza de fazer empalidecer a menos virtuosa das damas. Eu o percebia tenso, um pouco nervoso. Súbito levantou-se, acendeu a luz da sala e foi embora, deixando seus convidados, sem esperar o final do filme.

Felizmente, embora sendo muito pudico para algumas coisas, mesmo sendo sob certos ângulos extremamente recatado, tinha — e me sinto encabulada ao dizê-lo — uma vitalidade fantástica. Não hesitava em contar a seus amigos e a seus filhos que se sentia rejuvenescido, que parecia ter renascido, e Roberto Irineu, o filho mais velho, a quem ele havia feito confidências, parecia muito feliz, quase malicioso, quando um dia relembrou comigo essa revelação de seu pai. Nada mais lisonjeiro para uma mulher do que saber do desejo verdadeiro provocado em seu marido. Nunca me senti intimidada por Roberto. Ora, acredito que ele amedrontava as mulheres e assim acabou por inibir demonstrações de ternura por parte de suas esposas.

Digo a meus enteados que talvez o pai deles, embora os amasse muito, tivesse dificuldade de demonstrá-lo. Talvez em casa não pudessem fazer o que eu ousei, recusando-me a ficar enclausurada nessa tendência à severidade que era característica de Roberto. Mas quis viver da forma mais terna possível; mais divertida possível, também. Sempre passei do gracejo ao sério. Incrível como ele gostava de participar dessas alterações de registro comigo.

Íamos pouco a restaurantes e a lugares públicos, à exceção do Theatro Municipal, e ele fazia questão de sempre dormir no Cosme Velho. Toda noite, em seu quarto, na sua cama, assistíamos à televisão, bem abraçados. Nunca usei de malícia para colocar um programa que não fosse do seu agrado — à exeção das vezes em que fui tomada por crises de ciúmes. Eu só mudava de canal quando ele dormia, caso o que estávamos vendo não me despertasse interesse.

Ele adorava estar com a razão — e confesso que, com o passar dos anos, evito, a qualquer preço, as discussões. Caso percebesse que assumia uma atitude teimosa e se o assunto não tinha, no fundo, nenhuma importância, eu lhe dava razão. Não por covardia, mas por ter aprendido a valorizar o que é essencial.

No passado eu era capaz de me encolerizar com facilidade. Quando meu pai, depois da guerra, se reuniu a nós por algum tempo, perdi a paciência com ele. Talvez estivesse apenas representando seu papel de avô, mas a todo instante chamava a atenção do meu filho, tentando corrigir seu comportamento. Já expliquei em detalhe que, no plano da educação, sempre agi com meus filhos da forma diametralmente oposta à que haviam agido comigo. Almoçávamos. Eu não podia mais suportar seus comentários que me faziam reviver meus tempos de infância. Estávamos sentados frente a frente; meu pai na cabeceira, ocupando o lugar de Horácio, que estava viajando. Levantei-me da mesa, glacial, e disse em tom de cólera:

— O senhor não vai fazer com essa criança o que fez comigo: estragar sua infância.

Então, pálida, os olhos faiscando, os punhos cerrados, as mãos trêmulas, para a surpresa de todos — inclusive a minha —, puxei a toalha violentamente. Pratos, talheres, copos, louça, tudo foi pelos ares. Meu único arrependimento é que sobre a mesa havia uma linda sopeira da Companhia das Índias... Só hoje, ao escrever esta frase, sinto, de repente, uma certa vergonha... Ela chega com algum atraso e amanhã, sem dúvida, voltarei a acreditar que tomei a atitude correta. Estranho não guardar arrependimento pelo meu gesto, apesar de todas as provas a que meu pai foi submetido durante a guerra. Talvez porque eu me sentisse em casa e por estar escrito que meus filhos não teriam que sofrer o que sofri.

Não acredito que Roberto tenha tido motivos para se queixar do meu humor. Em 14 anos, conto nos dedos o número de vezes em que nos desentendemos. Por vezes eu me acomodava para evitar irritá-lo. Em alguns momentos detesto aviões e helicópteros. Já me disseram, tentaram inúmeras vezes me provar, que a grande maioria dos acidentes ocorre com automóveis. Mas eu prefiro de longe, sem sombra de dúvida, me locomover em automóveis que nessas engenhocas. Roberto não tinha nenhum medo de aviões e helicópteros. Sempre pronto a partir para Angra,

Brasília ou São Paulo. Sempre pronto a dormir o sono dos justos enquanto voávamos para os Estados Unidos, ao passo que eu me sinto nervosa, ansiosa e, à menor turbulência, sou invadida por um medo atroz. O pior é que eu precisava disfarçar, não deixar transparecer o que sentia; então apelava para uma boa fórmula: uma prece para a Virgem Maria, uma outra dirigida a são Roberto e a terceira a são Cristóvão, santo padroeiro dos viajantes... Enfim, até hoje cheguei ao meu destino sem problemas!

Como já expliquei, Roberto julgava que, viajando nessas máquinas, tínhamos mais conforto e segurança. Dizer que não uso mais esse tipo de equipamento, desde a morte de Roberto, seria mentir. Mas, se eu pudesse escolher, viajaria sozinha nessas máquinas eletrônicas voadoras que, de tão sofisticadas, não lhes podemos entender o funcionamento. Sozinha poderia ser eu mesma, deixar meus medos virem à tona, ao passo que, quando estou acompanhada, preciso permanecer impassível. Hoje em dia ainda viajo mas, se tenho alternativa, vou de carro ou então fico no Rio. Entretanto, apesar do medo, nunca me neguei a acompanhá-lo, a viajar com ele. Nunca me passou pela cabeça recusar. Ele adorava que eu o acompanhasse; adorava ter-me sempre a seu lado. Segurava minha mão, apertava-a e se inclinava para me dizer palavras íntimas, palavras de afeto. Nós éramos felizes de verdade. Havia uma espécie de cumplicidade espiritual e física, uma necessidade de nos tocarmos, de nos acariciarmos. Quando penso que diziam não ter sido ele terno e que jamais demonstrava sua afeição... Quando me olhava, havia uma tal intensidade em seu olhar... Isso me sensibilizava às lágrimas.

No grande piano do Cosme Velho, seguindo a tradição das boas famílias, tínhamos fotos das crianças e de personalidades que visitaram Roberto. É uma espécie de livro de história ilustrada. Em cada uma das molduras de prata, vemos ilustres visitantes que quase sempre colocavam uma dedicatória nos retratos. Encontramos personagens tão diferentes quanto a rainha da Dinamarca, o presidente Sarney, o presidente George Bush, os três filhos de Roberto, o duque de Edimburgo e outras mais.

Certa vez vi, numa revista, um retrato bem original: tratava-se de um cachorro, um lindo cachorro preto, olhando seu dono adorado com uma dedicação infinita. Então, meu lado criança me fez cortar a foto e escrever uma dedicatória. Coloquei-a numa bonita moldura, entre as outras fotografias. Nesse mesmo dia, antes do jantar, levei Roberto até o piano para que descobrisse minha irreverência afetuosa. Roberto tirou os óculos do bolso do paletó, colocou-os e riu ao ler: "Lily, olhando apaixonadamente seu Roberto." Perguntou-me:

— Mas por que, Lily, você escolheu um cachorro, mesmo que afetuoso como esse?

Ao que repliquei que era assim que me sentia: ligada de corpo e alma a ele, feliz em estar assim ligada e dependente, livre em minha dependência. Colocando as mãos em meus ombros, aproximou meu rosto do seu e me beijou a boca. Tirei da manga de minha blusa um lenço branco e perguntei se podia tirar o batom que havia deixado em seus lábios.

Em público, quando recebíamos visitas ou quando éramos recebidos, Roberto não escondia sua afeição e sua vontade de estar o mais perto de mim possível. Essa exigência imperiosa provocou algumas situações divertidas que poderiam ter ocasionado incidentes protocolares. Mas havia no amor de Roberto tamanha sinceridade, tamanho vigor, a idéia mesmo de que não havia tempo a perder — e nisso ele tinha razão. Em nossas idades, como aliás em todas as idades da vida, no amor é preciso aproveitar cada instante; nunca deixar para amanhã um momento de afeição. Amanhã pode ser muito tarde.

Dividindo com ele todos esses momentos de alegria, reflito sobre esse mundo moderno, ou que se pretende como tal, que tenta nos fazer acreditar que a felicidade, a alegria e o interesse são atributos da juventude e dos jovens. Tomo a liberdade de contar aqui algumas histórias bastante significativas dessa impaciência, dessa exigência: Roberto fora eleito membro da Academia Brasileira de Letras e levava muito a sério seu papel de imortal. Aliás, devo ressaltar que ficava muito bonito em seu uniforme, com a espada ao lado. Seu porte era ainda mais garboso e imponente do que em seus bonitos ternos. Durante uma cerimônia no grande salão da Academia, onde todos os acadêmicos presentes no Rio eram aguardados, acompanhados de suas esposas, chegamos atrasados. A sala é dividida tradicionalmente em vários setores: evidentemente, há um setor reservado aos imortais, um para o público mas também um terceiro, destinado especificamente às esposas. Não havia lugar disponível na primeira nem na segunda fileira; apenas nas últimas. Disse a ele que não tinha importância, que por uma vez ele não se incomodaria pois poderia me ver sem dificuldade, já que sou alta. Tomando-me pelo braço e puxando-me em sua direção, disse:

— Ah não, Lily, de onde estarei sentado não vou poder te ver. Vem comigo.

E então pegou minha mão e me levou com passos decididos em direção ao setor reservado às fardas com bordados dourados. Instalou-me em uma cadeira vazia, perto dele. Um de seus colegas, cujo nome não me vem à memória, se inclinou em direção a ele, dizendo gentilmente:

— O senhor sabe, meu querido doutor, que as esposas devem sentar-se em outro setor.

Então, para surpresa de seu querido colega, Roberto, com essa voz ligeiramente rouca mas muito bonita, responde, ao mesmo tempo com malícia e firmeza:

— Sim, eu sei. Mas hoje ela vai ficar comigo, a meu lado.— Virou-se em minha direção, sorriu e piscou o olho.

Essa história, essa maneira de se comportar poderiam ter me irritado, mas a força do amor, a evidência da afeição apagam os constrangimentos. Visualizem a cena: no meio de todos aqueles senhores e de Nélida Piñon, Rachel de Queiroz e Lygia Fagundes Telles, as únicas mulheres na época a trajar o verde da Academia, sobressaindo entre crânios em sua maioria calvos e os cabelos negros de Nélida, um capacete dourado bem visível no meio desse grupo, especialmente porque eu vestia um *tailleur* amarelo.

No Palácio das Laranjeiras, o governador Garotinho recebia para um jantar de gala a rainha da Dinamarca e seu marido, o príncipe consorte Henrick. Nós já havíamos nos encontrado no Itamaraty e iríamos recebê-los no dia seguinte em nossa casa no Cosme Velho. O cerimonial havia definido o meu lugar ao lado do embaixador da Dinamarca e Roberto estava sentado à minha frente, ao lado de uma charmosa mulher que parecia lhe contar uma história interessante. Quando estávamos no segundo prato, Roberto, apesar de tímido, me faz sinal para que eu vá a seu encontro. Fingi nada ter percebido. Ele me chama e não respondo, interessada que estava pela conversa de meu vizinho de mesa. Para surpresa geral, ele se levanta, contorna a mesa e se aproxima de mim para sussurrar-me ao ouvido:

— Venha comigo, por favor. Sinto sua falta. — Como para se desculpar por seu comportamento, acrescenta: — Além disso, é verdade: a embaixatriz que está a meu lado quer lhe dizer algo.

— E você acredita que ela não possa esperar o final do jantar?

— Ela talvez. Eu não — retruca.

Tentem recriar a cena. Visualizem novamente o capacete de ouro, o vestido de seda, as jóias que Roberto tanto apreciava e que talvez tenham causado inveja à rainha, e lá estou eu, deixando encabulada meu lugar, o embaixador... O governador, também um marido enamorado, lança uma olhada; a rainha finge nada perceber e o príncipe Henrick da Dinamarca, como bom francês de origem, compreende tudo e me olha rindo, esse riso de cumplicidade total, de quem sempre teve que se submeter ao peso do protocolo e que vê, repentinamente, como o amor pode derrubar as regras da conveniência e delas não fazer caso, a ponto de ridicularizá-las.

Julguei que no dia seguinte, no Cosme Velho, a rainha faria algum comentário mas, ao ver os ministros, o camareiro-mor, os ajudantes de campo e as damas de companhia degustarem o Don Perignon e o Haut Brignon, *grand cru* catalogado de Bordeaux, percebi que não houvera, na véspera, um incidente diplomático.

O príncipe Henrick, que parecia extasiado por poder falar francês em vez de lutar por exprimir-se em seu dinamarquês aproximativo, confirmou, através de cumprimentos, a certeza de que Roberto havia alcançado um patamar inigualável: seja por sua importância indiscutível como também pelo afeto demonstrado por mim, o que lhe dava uma imunidade total. Mas nessa noite ficamos muito sensibilizados, não tanto por mim mas por nós dois. Sempre estive ao lado de Roberto no papel de princesa consorte, pois ele era a pessoa a quem visitavam e a quem desejavam ver. Era Roberto quem recebia. No momento em que eu fazia uma pequena reverência, a rainha, sempre um cigarro na mão, me disse enquanto me fitava:

— Jantares como esse, madame, não se vêem mais hoje em dia!

Balbuciei algumas palavras confusas, mas estava orgulhosa de, ao lado de Roberto, participar de sua tarefa de anfitrião irretocável.

Recebemos assim vários acadêmicos, diplomatas, homens políticos, escritores, artistas e homens de negócios, bem como jornalistas e eclesiásticos.

Depois que Roberto se foi, me proibi de receber pessoas no Cosme Velho, com raras exceções, e também não gosto que saiam notas nas colunas. Uma delas foi quando tive a honra de receber o senador Marco Maciel, ex-vice-presidente da República, que acabava de ser eleito para tomar posse, na Academia Brasileira de Letras, da cadeira 39, antes ocupada por meu marido. Marco Maciel teve uma atitude muito atenciosa e sensível ao se candidatar e ao tomar posse. Fui, de bom grado, marcar presença na Academia para ouvir os discursos e, particularmente, o elogio que fez a Roberto. Se outros rumores surgiram na imprensa, não fui eu a divulgá-los.

Desde aquele 6 de agosto, os lustres e as velas raramente voltaram a ser acesos. Só tenho vontade de receber minha família e a de Roberto, alguns amigos ou pessoas ligadas a movimentos culturais ou beneficentes. Recebi o novo embaixador da França e o ministro Sérgio Amaral, embaixador do Brasil naquele país, tendo em perspectiva o Ano do Brasil na França em 2005. Recebi também o professor Neveux, grande cardiologista francês que desenvolve um trabalho extraordinário em Campinas com colegas brasileiros, visando à redução da mortalidade de crianças possuidoras de malformação coronária.

Atualmente, à exceção de alguns almoços e jantares privados, sempre que saio, o faço por motivos bem precisos, em particular para participar de homenagens a Roberto Marinho. É extraordinário como esse homem, por tanto tempo contestado, pôde finalmente provar que sem ele não haveria no Brasil uma rede de televisão tão forte, não haveria no Brasil uma indústria da comunicação tão próspera. Personalidades diversas como o vice-presidente da República, José Alencar, Marta Suplicy, prefeita de São Paulo, o ex-presidente da República, José Sarney, Antônio Carlos Magalhães, amigo de Roberto por tantos anos, bem como Rosinha Garotinho, governadora do estado do Rio de Janeiro, e o prefeito César Maia, que deu o nome de meu marido à Cidade da Música, projeto em construção do arquiteto Christian de Portzemparc, reconhecem a importância de Roberto Marinho. São recepções emocionantes, mas bem diferentes das de antigamente, quando eu e Roberto éramos convivas das autoridades.

Uma vez em Brasília, durante um jantar oficial, estava sentada perto do ex-presidente Fernando Henrique Cardoso, a quem conheço bem. É sabido que ele é de uma grande cortesia e pode ser extremamente divertido. O cardeal Lucas Moreira Neves estava presente, sentado ao lado da bonita embaixatriz Lenir Lampreia. Passei boa parte do jantar observando os convivas enquanto conversava com o presidente, único vizinho de mesa. Eu observava, entre divertida e curiosa, o cardeal Neves, na época arcebispo da Bahia, e a esposa do então ministro das Relações Exteriores, Luiz Felipe Lampreia. O cardeal escutava, concentrado, o que lhe contava sua vizinha de mesa. Por vezes abaixava sua cabeça, portando o barrete escarlate da sua veste de cardeal, como se aquiescesse. Debrucei-me em direção ao presidente, dizendo:

— Posso distrair sua atenção por um momento, senhor presidente, para pedir-lhe que observe discretamente o cardeal Neves e a embaixatriz Lampreia? O senhor acha que a embaixatriz está se confessando?

— Quem sabe? Pode ser... — retruca o presidente, malicioso.

— Bem — retomei a palavra —, ela tem muito a dizer pois há longos minutos nosso querido cardeal balança raramente a cabeça.

— Talvez por não ter chegado ainda o momento da absolvição — diz o presidente.

Um pouco mais tarde, é a vez de o presidente reclinar-se em minha direção e dizer:

— É minha vez de pedir um pouco da sua atenção, querida dona Lily. Repare, a relação se inverteu. Agora é o cardeal quem dá a impressão de se confessar.

— Ah, não creio, senhor presidente, que o cardeal possa ter tantos pecados na consciência — disse eu, rindo.

E rimos, demos boas risadas.

Roberto, por sua vez, arregalou os olhos. Quando lhe contei nossa conversa, eu ainda ria, mas devo reconhecer que ele não achou muita graça em nossa irreverência juvenil.

Sem dúvida, Roberto preferia o diálogo que teve em Paris com o ex-presidente Fernando Henrique. Ao cumprimentá-lo, após receber uma condecoração, lhe disse:

— O senhor foi visto na Sorbonne, meu querido Roberto.

— Sim, senhor presidente, mas me disseram que o senhor foi visto no Collège de France. Qual o senhor julga melhor?

E os dois deram risadas.

Um aspecto talvez menos conhecido do que o senso de humor de Roberto, muito particular mas exato, era a propriedade e o domínio da língua portuguesa. Sem dúvida sua formação de jornalista, seu gosto pela leitura haviam contribuído para esse aprimoramento, mas ele tinha uma capacidade de escrever e mesmo uma dicção articulada que sempre me maravilharam.

Ele não tinha uma disposição especial para falar em público, mas, quando era preciso fazê-lo, não hesitava em colocar os óculos, tirar tranqüilamente do bolso a folha dobrada, limpar a garganta e dar início ao discurso, com uma voz que seria reconhecida entre mil outras. Seu rosto ganhava vida e seu olhar, tão plácido, podia exprimir sentimentos e realçar, através de um sorriso, um caso ou uma tirada de humor.

Felizmente, para os convidados e, em especial, para ele, os discursos em nossa casa não eram muito comuns. Roberto não se estendia, mas é preciso sempre temer as improvisações e o lirismo.

Maurice Druon, escritor francês cujo avô nasceu no Maranhão, exercia, quando o recebemos, a função de secretário vitalício da Academia Francesa, mãe de nossa Academia Brasileira de Letras. Era sobrinho de um outro acadêmico francês, Joseph Kessel. Druon, autor de *Os reis malditos* e de *O menino do dedo verde*, entre outros, ocupara o cargo de ministro da Cultura. Tinha a voz de um grande ator da Tragédia Grega, um pouco assemelhada, para aqueles que dele se lembram, à do famoso Sacha Guitry. Timbrada, sonora, rouca, ela encantaria um auditório de serpentes. Ora, sem que isso estivesse previsto, aquele que ocupava o lugar de honra, a meu lado, inclina-se em minha direção e me diz ao ouvido:

— Madame, se a senhora me permitir, adoraria dizer algumas palavras.

Como recusar? Como segurar pela manga um homem ilustre, que tendo já em sua mão o garfo de sobremesa, começa a bater, para chamar a atenção e pedir silêncio, num copo de cristal como se este fosse um sino de carrilhão? Em situações como esta, há sempre um momento curioso em que todos se calam, à exceção de uma ou duas pessoas entabulando uma conversa animada e que continuam a falar em voz alta, a rir, enquanto o silêncio já reina no recinto. Reconhecemos a voz, ficamos constrangidos por eles, ainda mais porque o orador pede:

— Silêncio, por favor.

Segue-se um momento inquietante e divertido. Inquietante porque nunca sabemos se o orador vai discursar durante uma boa meia hora, especialmente se principia a pedir:

— Fiquem tranqüilos, serei breve...

Eu me encontrava num estado de imenso nervosismo. Se o orador tivesse abusado do vinho, o risco seria ainda maior. Naquela noite, nosso ministro e acadêmico havia apreciado a mesa, mas sem excesso. Divertido porque, se o orador tem humor e charme, pode transformar essa ocasião temida num momento delicioso de charme, inteligência e espírito, como aconteceu. Maurice Druon foi eloqüente na medida exata e transformou sua estada no Rio, a noite em nossa casa, numa pequena obra de arte elegante e engraçada.

Tão logo os aplausos cessaram, qual não foi minha surpresa e inquietude ao escutar, do outro lado da mesa, um som cristalino de sineta, um pouco diferente do tocado por Maurice Druon, e eis que me deparo com Roberto em pé. Senti um aperto no coração e outro ainda mais forte quando, para surpresa geral e maior ainda para mim, Roberto começou a falar em francês. Ora, estou bem a par do conhecimento de Roberto no que tange às línguas estrangeiras. Ele falava corretamente o inglês e suficientemente bem o francês, sem no entanto dominá-lo com perfeição. Terá sido a eloqüência de Maurice Druon, terá sido por julgar que deveria responder ao homenageado em sua língua?

O importante é que conseguiu a proeza admirável de discursar durante cinco minutos sem cometer erros! Como cinco minutos demoram a passar, quando é preciso ser engraçado e inteligente numa língua que não é a nossa! Bem, nessa noite Roberto foi convincente. Ele era assim, surpreendente e, por vezes, bastante discreto. Súbito, uma pergunta, um comentário bastavam para torná-lo extraordinariamente cativante, interessante. Nesse português que dominava tão bem, contava casos, dava explicações, apresentava pontos de vista com uma acuidade e pertinência que não cessaram de deslumbrar todos que dele se aproximavam, até sua morte.

XVIII

E a nossa vida mudou...

Por vezes me perguntam o papel que desempenhei nos negócios de meu marido. Muitas esposas, muitas mulheres e maridos ficarão extremamente surpresos com a resposta que vou dar: não desempenhei nenhum papel.

O motivo principal é que, desde nosso reencontro, não me julguei habilitada a emitir opinião num campo que não domino. A televisão, mesmo a imprensa escrita — apesar de eu ainda ser proprietária do título *Diário Carioca* — sempre foram atividades exercidas por Roberto e seus filhos. Para ser sincera, nunca tive vontade nem intenção de intervir num universo onde o profissionalismo, a experiência e o talento nada têm a ver com meu pouco *savoir faire* de fazendeira e dona de casa. Se, por acaso, tivesse me arriscado a fazer qualquer comentário, a esboçar um desejo de ingerência, por menor que fosse, sei que Roberto teria imediatamente me censurado. Da esposa, meu marido esperava que se ocupasse do casal, dele, da casa, é claro, mas sobretudo dessa relação íntima e de certa forma exclusiva que era a nossa. Nessas atividades Roberto queria que eu colocasse minha energia, meu tempo e tudo o que a vida me havia ensinado para tornar as vidas dos que nos cercavam mais felizes.

Estou convencida de que nossas relações, durante todos esses anos, não seriam tão harmoniosas se tivéssemos agido diferentemente. Que isso fique bem claro e que não me entendam mal. Existem casais que souberam e puderam construir um patrimônio juntos. Confesso que, ao me casar, ignorava que um dia deveria administrar o que Horácio construíra. Mas quem sou eu para pretender dar mesmo que um simples conselho ao homem que fez de *O Globo* um dos mais bem-sucedidos negócios de comunicação, não apenas na América Latina, mas no mundo?

Além disso, Roberto nunca me falava de suas preocupações quando voltava do jornal ou da televisão. Ao chegar em casa, pensava em coisas totalmente distintas, e a única relação que podíamos ter com a televisão ou os jornais era a de espectadores e leitores normais.

Não digo que nunca pegasse o telefone ou rabiscasse alguma anotação, mas não sou o tipo de mulher que bisbilhota bolsos e muito menos as cestas de papel.

Quando estávamos juntos, obedecíamos a toda uma organização de nossos momentos de intimidade. Durante mais de 14 anos, Roberto deixava o Cosme Velho em seu Lincoln e só retornava no início da noite. Quase sempre almoçava no escritório. Essa rotina não o impedia de me telefonar várias vezes durante o dia. Sempre tinha alguma coisa a dizer, uma palavra terna a pronunciar, uma pergunta a fazer, uma sugestão.

— Venha me encontrar no escritório. Gostaria que fôssemos juntos ao Alto da Boa Vista.

Sempre me curvei a seus desejos com prazer. Então subíamos o Alto de carro por entre a floresta, passeávamos no jardim da casa que ele amava quase tanto quanto a do Cosme Velho. Passávamos horas e horas, de mãos dadas, falando de tudo e de nada, a admirar as flores, os animais, as árvores. Ele possuía uma capacidade de deslumbrar-se e de interessar-se pela natureza que fez com que nunca abandonasse o hábito de alimentar suas carpas, olhar um mico e admirar a beleza, um pouco estúpida, dos flamingos.

A música, as artes de uma maneira geral representavam para nós uma grande satisfação. Escutar música em nossa casa ou no Theatro Municipal sempre constituiu verdadeiros momentos de alegria. A música e o balé sempre nos proporcionaram alegrias intensas. Roberto nunca foi um grande homem mundano. Nunca jogou cartas, nunca foi de beber, como já mencionei, mas sempre adorou esportes.

Praticar o mergulho, a equitação e o boxe supõem parceiros. Fazer negócios também. Roberto tinha amigos fiéis há decênios. Entretanto evitava misturar, como fazem por vezes os grandes magnatas do cinema e da televisão, sua vida pessoal com sua vida profissional. Podia receber algumas pessoas da classe artística, mas seus amigos íntimos raramente faziam parte da glória das telas, pequena ou grande. Seus amigos eram essencialmente companheiros do passado, como Jorge Serpa e Antônio Carlos Magalhães. Natural que tivesse feito algumas inimizades e que fosse objeto de inveja de alguns.

Muito se falou da rivalidade que teria existido entre Roberto e Manoel Francisco do Nascimento Brito, mas, com o passar dos anos, o que tinha sido talvez uma concorrência cessou e, nos últimos anos de Maneco Brito, ele e sua esposa, dona Leda, retomaram o caminho do Cosme Velho.

Maneco, apesar do acidente de saúde que o havia deixado com um lado ligeiramente paralisado, sempre teve o porte extraordinário do oficial que havia sido. Dona Leda era, havia muito tempo, um exemplo do que uma mulher que gosta de sua cidade e de seu país deve fazer para ajudar as artes. Ela havia transformado a casa da condessa Pereira Carneiro, sua mãe, em Botafogo, num Centro Cultural que teve um papel fundamental durante os anos difíceis em que a cultura estava longe de ser uma prioridade. Maneco Brito era responsável pelo Museu de Arte Moderna, tendo exercido, durante muitos anos, sua presidência. Graças a ele, Gilberto Chateaubriand confiou sua coleção, a maior no Brasil de arte moderna e contemporânea, ao museu que a viu transformar-se em fumaça em 1978. Talvez para selar a reconciliação, um dia ele propôs a Roberto ser seu sucessor. Dizia estar seguro de que Roberto seria um grande presidente de uma das instituições de maior prestígio do Rio e do Brasil. Essa foi, sem dúvida, a prova definitiva da reconciliação entre esses dois homens de temperamento forte e apaixonados pela arte. Roberto, sabiamente, declinou a oferta alegando que suas responsabilidades profissionais e a vontade de preservar nossa própria vida familiar lhe impediriam de dedicar o tempo e a energia necessários para tentar anular, reverter o prejuízo causado pelas chamas.

Alguns anos depois, graças ao apoio de Roberto, que aceitou minha dedicação à vida cultural, comecei de repente a desempenhar um papel que me surpreendeu. Em 1994 fui apresentada ao novo adido cultural da França no Brasil, Romaric Sulger Büel. Ele era solteiro, parecia simpático e não lhe faltava senso de humor... Enfim, um conviva agradável numa cidade onde as mulheres são mais numerosas, o que gera dor de cabeça às anfitriãs, que nunca têm um número suficiente de homens para compor mesas perfeitas. Na época, ele praticamente não falava português, o que me permitia testar se meu francês ainda era fluente e correto. Ele, bastante charmoso, talvez tivesse algumas idéias bem definidas. Quando me falou de seus projetos de grandes exposições, como fazem na Europa e nos Estados Unidos, escutei o que me dizia com curiosidade, principalmente porque parecia persuadido de que, por ser de origem francesa e estando há bastante tempo no Brasil, eu poderia ajudar, segundo sua expressão, "a desenvolver laços entre a França e o Brasil". Deve ter ficado bastante surpreso e talvez decepcionado quando lhe disse que, não tendo nenhum poder, eu era ainda extremamente preguiçosa, a única vantagem talvez residindo no apoio que Roberto e a Fundação que traz seu nome davam aos projetos culturais e artísticos. Na realidade, me surpreendi com a energia e a tenacidade desse rapaz bochechudo, por vezes engraçado, outras triste, uma espécie de boneco com cara de bebê empreendedor.

Durante todos esses anos, graças à cumplicidade e à compreensão de Roberto, nossa casa se transformou no lugar ideal para encontros entre diplomatas, diretores de museus, presidentes de grandes empresas brasileiras e estrangeiras, enfim, todos — incluindo jornalistas que, sentados em torno de uma boa mesa, podem criar condições para se obter um sucesso.

Por vezes, nutria o sentimento de que começavam a me fazer a corte mais que a Roberto, o que me perturbava e exasperava. Falei e escrevi bastante sobre o assunto. Se, durante os últimos dez anos, pude contribuir para levar mais de dez milhões de visitantes, a maioria jovens, aos museus brasileiros; se pude participar para que algumas dessas instituições fossem reformadas e equipadas de forma a receberem grandes exposições, enfim, se esse despertar foi acompanhado, graças aos patrocinadores, de um enriquecimento das coleções brasileiras, é a Roberto, em primeiro lugar, que devemos isso.

Sempre fui apenas a mulher daquele que compreendeu o que a cultura, a educação e a televisão podem trazer a um país. Por vezes eu me sentia — e os que me conhecem sabem que não sou influenciada pela lisonja — incomodada ao ser condecorada pelo presidente Fernando Henrique Cardoso, por Jacques Chirac, quando, de fato, através de mim, era a Roberto que cumprimentavam e agradeciam. Ele teve a elegância e a generosidade de não se irritar e procurei restabelecer, sempre que pude, a verdade. Sem Roberto, sem sua visão, sem as Organizações Globo, eu teria sido apenas uma mulher de boa vontade, mas, apenas com meu prenome, não teria jamais obtido tantos êxitos.

Hoje, quando sei que a Pinacoteca Estadual de São Paulo é proprietária de uma dezena de esculturas de Rodin oferecidas pelos patrocinadores, quando sei também que os arquitetos Mendes da Rocha e Emanuel Araújo souberam convencer o secretário Mendonça e o governador Covas, graças ao sucesso da exposição de Rodin, a restaurar todo o museu, penso nessa força incrível que Roberto podia suscitar. O Museu de Belas-Artes também foi enriquecido com uma escultura de Rodin, oferecida graças a Roberto, assim como ele também já havia cedido uma obra de Brancusi, hoje a obra mais valiosa das coleções do MAM. Não! Vamos colocar o meu papel no lugar adequado. Não faço o jogo da falsa modéstia, mas não me arrependo de, à minha maneira, ter "colocado meu grão de sal", como se diz em francês, nas exposições de Camille Claudel, Bourdelle e Monet.

Quando Jacques Chirac, presidente da República francesa, inaugurou a exposição do grande mestre do impressionismo em 1997, alguns ficaram surpresos com as atenções e gestos de amizade do presidente francês. Ele me chamava pelo meu prenome como se nos conhecêssemos desde sempre, o que enciumou Roberto. Anunciou-me que me fariam oficial da Legião de Honra. Graças a Deus, meu marido tinha recebido o título de Comendador da Legião de Honra... De qualquer maneira, não o incomodava me ver um pouco embaraçada, por vezes pouco à vontade, mas sempre convencida de que, mesmo de forma indireta, se rendia homenagem a esse pequeno senhor discreto que segurava afetuosamente minha mão; através de mim ele era o homenageado.

Hoje em dia, uma de minhas maiores preocupações é conduzir uma luta para manter o ensino da língua francesa. Sem pretender suplantar o inglês, não gostaria de ver desaparecer o idioma estrangeiro que durante séculos foi o mais falado no Brasil. Se isso ocorreu, foi por merecimento e deveria continuar a ser importante.

Machado de Assis, criador da Academia Brasileira de Letras, escrevia em francês sem jamais ter estado na

França, assim como D. Pedro II, que se correspondia com o sábio Pasteur e vários outros na língua de Molière, tendo conhecido a França quando já tinha mais de 50 anos. Por vezes, quando um convidado não fala o português mas fala bem o francês, acontece, ainda, em certas residências do Rio, que todos os participantes falem em francês. Isso era muito comum no passado e hoje em dia a grande maioria dos que falam minha língua não fazem parte da nova geração!

Tenho a sensação, por vezes exasperante, de que os jovens consideram o francês uma língua inútil, decorativa. Absolutamente secundária. Alguns chegam a fazer um juízo extremamente pejorativo de uma das mais belas línguas do mundo, como se estivesse reservada ao que restou hoje em dia das jovens de boa família e de jovens estetas. Ora, a França não é apenas um país para senhoritas em viagem de turismo cultural, mas também uma nação que se tornou uma das principais parceiras econômicas de nosso país: L'Oréal, Carrefour, Peugeot, Renault, Michelin, Arcelor, FNAC e outras grandes empresas, menos conhecidas do grande público, e que criaram no Brasil centenas de milhares de empregos. Não! Sinceramente, os que fazem bico para debochar da pronúncia da letra "u", como se nada houvesse de mais afetado do que essa pronúncia, não merecem atenção!

O português, e em especial o português do Brasil, é uma bela língua, e o inglês, idioma de meu pai, representa hoje um instrumento de trabalho. O francês, por sua vez, alia o útil ao agradável.

O ano do Brasil na França, em 2005, é uma oportunidade extraordinária para nossos dois países. Aceitei a presidência do Comitê de Honra da Associação dos Amigos desse ano. Por toda a França, durante aproximadamente dez meses, a arte brasileira estará em evidência, seja através da música popular e erudita, de exposições de arte tradicional e contemporânea, de Frans Post no Louvre, coleções de fotografias do século XIX no Museu D'Orsay, uma exposição de Lygia Clark no Museu de Belas-Artes, em Nantes. Não haverá na França uma cidade sequer, uma única, que não ostente um ar brasileiro. Não se cultuarão apenas o carnaval e o futebol, mas outros aspectos representativos da diversidade da cultura brasileira. Muitas pessoas estão envolvidas, há bastante tempo, na preparação do evento, que representa, de certa forma, a consagração de um Brasil que não é hoje apenas esta terra tropical e exótica, mas também, paradoxalmente, um país criativo, inovador, surpreendente e ainda muito pouco conhecido.

Entretanto, ao entrarmos na corte dos grandes, será preciso conservarmos nossa diferença, nossa especificidade. Não me tornei, com tanta felicidade, brasileira e carioca para querer voltar a ser a jovem européia muito bem-educada. O exílio voluntário, especialmente quando o amor foi o motor, dá àqueles que escolhem uma outra pátria — sem todavia renegar aquela de onde são originários — uma visão, um zelo, uma energia que os brasileiros que não fizeram a opção de aqui viver nem sempre têm. Quando um brasileiro de origem estrangeira empreende algo em seu novo país, empenha-se mais do que o faria em seu país de origem.

Não raro leio e escuto que eu seria uma "dama caridosa". Tenho horror a esse adjetivo, assim como não falo de minhas ações humanitárias e sociais. Prefiro fazer a contar. Não vejo nisso nenhum mérito e sim uma obrigação, pois a parcela da população brasileira que vive com conforto financeiro deveria participar para melhorar a situação difícil que a maioria da população enfrenta.

Minha casa no Cosme Velho, junto à Mata Atlântica, é cercada pela favela. Não me sinto de forma alguma ameaçada mas, o máximo que posso, responsável. Meus netos são, sem dúvida, privilegiados, mas convidam para seus aniversários os colegas menos favorecidos. Eles devem aprender a solidariedade, pois de outro modo serão vítimas de seu egoísmo e cegueira.

Sou fazendeira há decênios. Convivo com empregados, alguns a meu serviço há mais de quarenta anos. Podem ser brancos, mestiços ou negros, isso me é indiferente. O que conta são as qualidades humanas, a capacidade de aprender, de apoiar os filhos no aprendizado, também. Tenho uma relação de confiança e naturalidade com eles. Não tenho nada de um capataz ou de uma dama benemerente. Acredito que a origem familiar, a cor da pele e o nível de educação não representam nada diante de Deus e dos homens e que só o que conta é a inteligência, a coragem e a sabedoria.

Detesto a demagogia, ainda que, sem dúvida, algumas vezes, inadvertidamente, acabe por assumir atitudes paternalistas. Reconheço, no entanto, que não suporto ver uma criança chorar. Sem dúvida essa é a base das ações que conduzo e que exercerei até que não o possa mais.

XIX

A velhice não é um naufrágio

Falei do envelhecimento para dar meu testemunho de que Roberto possuía uma constituição física e mental fora do comum. Isso me envaidecia e eu me vangloriava, com atitude de proprietária, da firmeza de seus músculos. A vaidade chegava ao ponto de fazê-lo mostrar sua panturrilha musculosa. Ele sempre demonstrava um certo aborrecimento, não obstante sua grande indulgência, e, apesar de tudo, prestava-se a minhas demonstrações, motivo de orgulho para mim. Essas qualidades físicas excepcionais perduraram até o dia de seu tombo, que gerou uma fratura séria. Mas, até então, Roberto tinha um ardor e um desejo de fazer inveja a muitas esposas. "A velhice", dizia o general De Gaulle, "é um naufrágio." Mas quando a afeição, conjugada com uma vida saudável, se torna uma regra de viver, como era o nosso caso, é possível navegar por muitos mares e chegar ao porto sem naufragar.

Roberto, até a véspera de sua morte, era o exemplo perfeito de que é possível viver muito tempo e feliz, pois classifico os últimos anos de vida em comum como um período de felicidade que iluminou todos esses anos.

No que me diz respeito, minha obsessão sempre foi a perda da memória. Durante anos me inquietei porque esquecia o nome de certas pessoas com quem convivera. Via nisso a prova de que a senilidade estava a caminho, o que muito me deprimia e entristecia. Há alguns anos, cansada de inquietar meus parentes e de envenenar minha vida, falei de minha angústia ao meu médico, o professor Gesta. Expliquei detalhadamente o que me parecia serem os sintomas de uma terrível doença, da qual não ousava sequer dizer o nome. O professor olhou-me com ar de malícia e perguntou, embora soubesse a resposta:

— Qual a sua idade, dona Lily?

Sem compreender bem a pergunta, quase maquinalmente, respondi. Talvez tivesse esquecido que eu tinha 80 anos. Respondeu-me, então, num tom ao mesmo tempo decidido e zombeteiro:

— Bem, dona Lily, vou responder-lhe de uma vez por todas, de forma bem clara. Já lhe é muito tarde para o mal de Alzheimer.

Essa forma de humor, mas também de franqueza, me permitiu deixar de me inquietar pelas ausências, que, para ser sincera, sempre tive. Há coisas que não posso esquecer, mesmo que quisesse, enquanto outras atravessam minha mente sem nela jamais se fixarem. Pois bem, sinto-me tranqüila nesse ponto: estou velha demais para começar a apresentar os sintomas do Alzheimer, mas as dores no joelho e no tornozelo, que incham se sou obrigada a permanecer muito tempo de pé — como, por exemplo, nas cerimônias oficiais — e as escadas, fizeram-se inimigos e armadilhas que me envenenam a existência. Nunca me queixo, não faz meu estilo. Por vezes, ao me levantar, escuto-me dizer: "*Aïe, mon genou!...*" ("Ai, meu joelho!...")

Faço uma careta de dor, passo algum tempo mancando e depois tudo volta ao normal. Chego a me esquecer do joelho; pelo menos até a próxima exclamação: "*Aïe, mon genou!...*"

Algumas vezes, quando estou descansada, menos triste, penso que ainda posso ter ilusões. Alguns de meus amigos me fazem elogios. Há um em particular que, ao me ver sorridente, pois obrigo-me a sorrir na vida social, me diz:

— É uma bela mulher, dona Lily!

Irrita-me, chega a me exasperar, e lhe disse o quanto tal coisa me importuna, pois soa como bajulação. Não espero dos meus amigos exageros, isto lhes digo sempre. Um dia, num tom quase tão malicioso quanto o do professor Gesta, meu amigo perguntou minha idade, que, por sinal, conhecia muito bem. Respondi:

— Se não fôssemos tão amigos, eu lhe responderia como o fiz a um jornalista da revista *Caras*, que a todos pergunta o mesmo. Diria, para me divertir, que tenho 65 anos. Por que não 60, já que somos mulheres que conseguimos parar os ponteiros do relógio? Em sinal de respeito a meus filhos, se não tomar cuidado, acabarei por ter idade para ser irmã deles; não quero mentir, pois, se me fez essa pergunta, é por ter uma resposta bem precisa a dar. Conheço sua delicadeza o suficiente para saber que jamais teria inquirido desse modo uma mulher que já festejou a data de santa Catarina, o que significa, na França, que não se faz esse tipo de pergunta a uma mulher que já passou dos 25 anos. Isso é uma regra, na França, e deveria ser seguida em todos os lugares do mundo, por ser uma questão de polidez e, no mínimo, uma prova de respeito. Nunca alterei meu passaporte, na parte destinada à idade;

então lhe digo, francamente: tenho 82 anos.

Sua resposta me deixou perplexa, sonhadora e, acima de tudo, feliz:

— Pois bem, dona Lily, a senhora é uma linda mulher de 82 anos!

Sobre este assunto, eu e Roberto éramos muito mais amigos que clientes de Ivo Pitanguy. Não sou contra a cirurgia estética, seja para homens ou mulheres. O bisturi pode fazer milagres, mas também mudar a expressão de um olhar, retirar uma identidade sem substituí-la por outra. Posso compreender essas corridas alucinadas contra as rugas, mas essa nunca foi minha preocupação e, quando me olho hoje no espelho, reconheço sem dificuldade meu nariz, meus lábios e meu sorriso. Adoro rir e — podem acreditar — sempre me incomodaram as operações que acabam por impedir a expressão da espontaneidade. Meu sorriso não se tornou uma cópia do de Mona Lisa. Reconheço, entretanto, que existem cirurgiões que são verdadeiros artistas, mas esses são também grandes médicos, grandes humanistas, pois é preciso ter talento e muita experiência para conservar a dimensão essencialmente humana do corpo e do rosto.

XX

Meu Roberto

Que ele detestava viajar é mais uma das lendas difundidas a seu respeito. Eu mesma fiz com ele várias viagens ao Japão, uma ao Canadá e outra a Portugal. Fomos juntos, inúmeras vezes, a Brasília, a São Paulo, ao Vale do Paraíba do Sul e a Angra.

Se Roberto gostava de viajar? Talvez não fosse o viajante compulsivo, o *globe-trotter*, sinônimo hoje do "homem moderno". Nada o obrigava a pegar um avião, mesmo o seu, para uma viagem longa, sem uma razão — simplesmente pelo desejo de viajar. Se o fazia, era por motivos profissionais ou protocolares. Mas as principais viagens de Roberto foram realizadas através de suas leituras. Leu muito, toda a sua vida, e não apenas jornais, sejam os seus ou os alheios, mas também livros e revistas sobre os temas mais diversos.

Roberto era capaz de discutir a geografia e a história do mundo. Sua cultura, seus conhecimentos eram de um homem que, no decorrer de toda uma longa vida, estudou apaixonadamente, com a curiosidade de alguém que sabia que "o saber" é uma das chaves para o sucesso. Como poucos, sabia aproveitar as informações recebidas, conjugando as novas às antigas. Assim sendo, para esse apaixonado pelo Brasil, para esse carioca, as viagens eram, em sua maioria, feitas em seu quarto. Nunca escondeu que, para ele, com os modernos meios tecnológicos de transmissão — para cujo desenvolvimento, por sinal, contribuiu largamente —, não havia maior aventura que dotar o Brasil de uma rede de comunicação cobrindo todo o país. Que viagem poderia ser mais bela que a de ter incansavelmente trilhado esse fabuloso "passeio" que, em 6.000 quilômetros — a distância que separa o sul de Portugal ao Ural, fronteira da Rússia com a Ásia —, dá ao Brasil o peso de um grande país? As maiores viagens de Roberto têm por nome Futura, Net, Satellites, *Época*, *O Globo* e várias outras. Nosso país carecia de uma grande ferramenta de comunicação que possibilitasse mostrar ao mundo nossa própria imensidão continental.

A palavra "vaidoso" não faz parte de meu vocabulário "robertiano". Poderia talvez utilizar outros adjetivos mais apropriados. Orgulhoso, altivo, meticuloso, cuidadoso, bem-cuidado, mas vaidoso... Tinha plena consciência de seu valor mas não o demonstrava.

Atribuía à sua indumentária uma atenção de lorde inglês; fato conhecido de todos os que trabalharam com ele ou que o viam com freqüência. Roberto cuidava de sua maneira de vestir com constância e atenção extremas. Raramente um brasileiro foi tão elegante quanto ele. As camisas, os ternos, as gravatas eram escolhidos num guarda-roupa impecavelmente organizado, a fim de que tivesse disponíveis roupas sempre discretas, mas de tecido e corte de excelente qualidade. Adorava gravatas e acredito jamais tê-lo visto usando a mesma. É, portanto, verdade que ele tinha muitas. Eu era uma das principais responsáveis, pois eu mesma, para lhe dar prazer, procurava as mais belas gravatas inglesas e francesas com o intuito de lhe dar a cor da vida, a suavidade da seda, um pouco de minha ternura, graças a uma das raras personalizações de vestuário a que um homem pode se permitir.

Aliás, ele se distraía muito comparando a multiplicidade, a variedade das formas, dos materiais, as cores e os padrões que costureiros, lojas e indústria têxtil colocavam à disposição das mulheres. Para os homens, mesmo os mais elegantes como Roberto, se a variedade de materiais é bem mais reduzida, imaginem os padrões. Com uma única exceção, porém bem limitada: as gravatas. É verdade que, nesse detalhe, o rigor também se impõe, mas constitui uma forma excepcional.

Ouvi pessoas muito esnobes, na França, dizerem reconhecer a qualidade dos homens pela de seus sapatos. Até mesmo li que o príncipe Rainier, de Mônaco, estava convencido disso. Bem... Roberto era então mais do que um príncipe, porque ele prestava grande atenção a esse tipo de detalhe.

É preciso reconhecer que o verdadeiro conforto, assim como o verdadeiro luxo, se encontra nos detalhes: um bonito lenço de bolso de seda de Lanvin, um lenço de fino acabamento de Charvet. Tantos pequenos sinais, quase invisíveis, que fazem, em conjunto com a escolha da água-de-colônia, os verdadeiros, os raros homens elegantes.

Em seus ternos de lã e seda, em suas camisas de puro algodão com as iniciais bordadas, no corte de cabelo e no perfume de lavanda, todos podiam reconhecer o homem do mundo, de sofisticação discreta, ligeiramente realçada pelas bonitas pedras preciosas de suas abotoaduras, o que o colocava no mesmo plano de Gianni Agnelli, David Rockefeller e Guy de Rothschild.

De quando em quando, examino o guarda-roupa do grande quarto de vestir, onde ele escolhia o que usaria no dia seguinte. Olho as camisas alinhadas, os ternos impecavelmente passados. Peço que os coloquem para arejar e cuidem para que nem as traças nem os cupins tomem posse de seu domínio. Faço-o sem pensar, mas quem sabe se essa não é a maneira que encontrei de manter viva, inclusive nesse universo um tanto ou quanto periférico, sua presença? Penso, muitas vezes, que ele vai entrar no quarto, ir à sala de banho, onde deixei seu barbeador, as escovas de cabelo e seu roupão. Se chegasse a seu quarto de vestir, constataria que tudo está preparado para a sua volta.

Seu quarto! Estou no seu quarto no momento em que escrevo estas linhas, sentada na escrivaninha que ele por vezes utilizava quando trabalhava em casa. Estou no lugar onde o vi tantas vezes sentado a olhar-me com afeto. Não quis mudar nada de lugar, retirar nada, e aqui me instalo para melhor sentir sua presença, para estar ainda mais próxima dele nesses longos momentos de solidão. Quando estou a escrever, a pensar, a me recordar, a vida me parece mais fácil de ser vivida. Tenho a impressão de que ele não está longe, de que todo o seu universo familiar está aqui, como eu, comigo, a esperá-lo. Visto, vez por outra, o seu roupão, como costumava fazer, e percorro o grande quarto. Pego o vaporizador de água-de-lavanda e perfumo o aposento, os travesseiros do grande leito, os lenços na cômoda. Ao despertar, passo a mão no seu retrato como para acariciá-lo, único objeto que trouxe do meu quarto. A noite chega e não volto para meus aposentos. Chamo minha fiel camareira e me preparo para a noite. No entanto, quando ele era vivo, eu só a chamava depois de ter estado em meu quarto, do outro lado do salão que nos separava. Não gosto mais do meu quarto. E, no entanto, fui eu a querê-lo exatamente como é. Hoje não lhe identifico mais o charme e o conforto. Questionei-me, com freqüência, sobre o porquê de não querer mais um lugar que tanto apreciara no passado, onde passei os longos momentos em que uma mulher espera e se prepara para reencontrar seu marido.

Talvez, aliás, essa concepção me seja muito francesa para que possa realmente respeitá-la, pois havia muito eu estabelecera meus domínios nos de meu marido. Percebo que meu quarto só era usado quando Roberto não estava em casa, ou então como um prolongamento de meu *closet*. Hoje, meu quarto cheira a abandono, com seu eflúvio de naftalina e de perfume ambiente; um lugar bem-conservado, contudo não mais habitado.

Quando se é proprietário de um grupo de imprensa, força-se o indivíduo a ler, se possível, todas as publicações. Ora, entre os jornais diários e semanais, Roberto tinha que, todos os dias, todos os finais de semana, ler, reagir, telefonar, felicitar, encorajar, fazer comentários.

Entretanto nunca o vi nem indelicado nem desagradável. Quando zangado, era singularmente frio, glacial mesmo. Falava cada vez mais baixo quando se irritava. Isso lhe acontecia raramente, mas seu estado provocava, pela calma aparente, mais medo do que se manifestasse uma cólera violenta que esperamos efêmera. Com relação a mim — e isso é, sem dúvida, o privilégio e a força do amor —, nunca o vi nesse estado. Pode ter sido, também, conseqüência de meus cuidados, como a vigiar o leite no fogo, em evitar contradizê-lo, o cuidado de encontrar pequenos subterfúgios para descontrair um homem fatigado, preocupado e inquieto, devido às responsabilidades que pesam sobre seus ombros.

Estranhamente, nunca me senti particularmente apreensiva com o ar grave e a autoridade natural de meu marido. Talvez por Roberto não me intimidar, pude transpor, uma a uma, as defesas que acabavam por separá-lo dos que lhe eram próximos. Ao contrário, nunca tentei ser diferente do que sou, sempre agi da forma mais natural possível. Em conseqüência, ele depôs suas armas. Respondi com afeição e amor à afeição e amor que por mim sentia, mas também introduzi em sua vida uma fantasia, oh! bem pequena, mas sei, hoje, ser exatamente o que ele esperava.

Ele não queria que respondessem à sua autoridade com mais severidade e rigor. Não queria ser contrariado. Introduzi em seu cotidiano um suplemento de meiguice e conforto.

Por vezes ficava espantado, surpreso, ao constatar que por fim haviam transposto a muralha invisível que tanto ele quanto os seus parentes haviam construído, talvez inconscientemente. Todos sabemos o quanto o poder isola. Vi Roberto, rapidamente, determinado a não mais resistir à força de nossos sentimentos.

Não reconheço na pessoa com quem me casei os retratos que me pintaram dele. Não sou uma santa e tampouco uma fada, mas é preciso acreditar nos incríveis benefícios trazidos pelo afeto e pelo amor, capazes de transformar os casais e fortalecer os laços que os unem. Ao longo dos anos, nossa relação nunca se alterou. Muito pelo contrário, fomos nos tornando a razão principal da vida um do outro. Nossos filhos, mesmo nossos amigos, devem ter sofrido, tanto devíamos lhes parecer egoístas, preocupados apenas conosco, excluindo, entretanto, sem querer, aqueles que formavam nosso círculo íntimo.

Não lamento aqueles anos, permitiram-me seguir adiante, hoje. Sentiria muito frio sem as reservas de afeição que ele me deu. Teria medo da solidão, sem a certeza de ter sido amada apaixonadamente.

Costuma-se dizer "Eu era feliz e não sabia". No que me diz respeito, devo ser a exceção à regra, porque "eu era feliz e o sabia".

Obrigada, meu Deus!

XXI

Ele é insubstituível...

Eu acreditava ter atingido uma espécie de sabedoria, aprendera a dominar meu sofrimento e minhas expressões. É fato que já havia vivido muitos lutos e desgraças, mas a morte de Roberto desmoronou minha frágil certeza. Pensava não mais poder chorar e, repentinamente, ao ver seu corpo sem vida, fui invadida pela incontrolável dor, intacta, violenta, que sacode o corpo inteiro em um único e inacreditável espasmo. Súbito, senti os mesmos sintomas que experimentara nos infortúnios do passado, o mesmo suor gelado nas mãos, as trêmulas acelerações do ritmo do coração, que inesperadamente enlouquece, e por fim os olhos irritados, a boca subitamente seca que se crispa e se deforma, e as lágrimas em cascata inundando o rosto descomposto. A morte daquele que havia sido o mais maravilhoso dos companheiros, dos maridos, me fazia perder o estudado controle. Só existia a mulher apaixonada diante do corpo inerte de seu amado. O sofrimento estava lá de novo, soberano.

Durante todos os meses que se seguiram ao meu luto, emagreci muito. Não tinha mais fome, nenhum apetite, adoeci. Já faz mais de um ano que Roberto morreu e eu ainda não recuperei o peso, e não com a intenção de posar como mulher elegante e coquete. Desde o dia 6 de agosto de 2003 trajo luto; nunca mais coloquei uma roupa colorida.

Nem sempre carreguei esse peso no estômago, essa dificuldade de retomar a coragem e a vontade, mas, hoje, experimento uma certa nostalgia em relação ao que antes me encantava. Existe, em Paris, o que chamamos de *plat canaille*, ou seja, pratos que engordam, em geral consumidos pelas camadas populares de trinta ou quarenta anos atrás, no Halles — *andouille* e *andouillette*, *boudin noir*, *rillettes d'oie*, *confit de canard*, *tablier de sapeur*. Nunca deixei de recomendar àqueles que viajam a Paris que procurassem um cozinheiro que não fosse necessariamente tão sofisticado quanto Fauchon ou Hediard mas, pelo contrário, um restaurante bem tradicional, como ainda existem alguns nos bairros populares da Rue Montorgueil, Rue Poncelet ou Rue Moufftard. Algumas pessoas ficariam surpresas ao ver a dona Lily abrir a geladeira com uma faca bem afiada na mão, sob o olhar curioso dos empregados da cozinha, para pegar um pedaço de *cochonnaille* e depois se instalar na cozinha da copa, pedir um pedaço de pão e preparar o melhor dos festins! Adoro quebrar regras! Gosto muito de quebrar a rotina e, sem representar a "Velha Dama Indigna", confesso um certo prazer em pôr em desordem os hábitos, especialmente os meus hábitos. Se não há lugar numa vida para a fantasia, ela se torna monótona, melancólica. Certa vez me disseram algo que Roberto havia dito a vários de seus amigos:

— Vocês sabem, depois que me casei com Lily revivi.

Creio ser a mais bela homenagem que esse homem raro me fez.

Roberto consagrou ao trabalho o máximo de seu tempo e de sua energia. Não digo que ele tenha esquecido de viver; esses 14 anos juntos foram o contrário da monotonia. Representaram a vida. Ao nos amarmos, demos um ao outro o mais belo dos presentes. Ele é insubstituível!

XXII

A herança do Roberto

O longo percurso de meu marido foi muitas vezes criticado e tenho o maior prazer em repetir o que já foi dito: antes mesmo de sua morte, ele havia praticamente conseguido provar a natureza de suas intenções e explicar, afinal, a todos, o sentido de seu projeto de vida. A partir de então, ninguém mais duvida de que ele conduzia paralelamente várias obras consideráveis. A primeira, evidente e freqüentemente evocada, inclusive por mim, foi a de dotar o Brasil de uma rede de comunicação que permitiu ao país alinhar-se entre os primeiros da lista mundial.

A segunda foi sua determinação de colocar os instrumentos que havia criado a serviço da educação, pois Roberto sempre soube e afirmou que o futuro do país dependia de um ensino para todos — não apenas para os jovens, mas para toda a população.

A terceira foi sua vontade deliberada de ajudar, inclusive através da Fundação Roberto Marinho, a lutar pela defesa da cultura, pela proteção do patrimônio e também do meio ambiente.

Não existe mais o "*faiseur de présidents*". Restou apenas em meu espírito a imagem desse jornalista que defendeu seus próprios colegas a ponto de dizer, durante a ditadura:

"Ninguém mexe com os meus comunistas." Não, Roberto não era um sectário; era um homem de espírito, curioso a respeito de tudo. Foi preciso, por vezes, aceitar imposições, mas nunca lhe faltaram coragem ou determinação. Posso testemunhar que ele estava convencido de ter um trabalho a cumprir, que sempre representou seu maior interesse e seu legado aos filhos. Um legado a todo o país.

Senti-me profundamente comovida, quando da sua morte, com as demonstrações tanto dos poderosos quanto das pessoas mais simples. Lembro-me mesmo de que me contaram que um motorista de táxi dissera:

— Aqueles que o criticaram deveriam se lembrar que existem poucos empresários a criarem, no Rio, durante uma conjuntura difícil, tantos empregos quanto ele.

Outros, na barca de Niterói, tinham os olhos cheios d'água ao se lembrarem de todo o prazer que ele havia levado a milhões e milhões de brasileiros através das novelas e de programas de televisão que fizeram sucesso em todo o mundo.

XXIII

E agora, o que vou fazer?

Preciso me despedir do leitor e, em breve, encerrar este livro. Certamente, não se pode dizer tudo por falta de espaço mas, também, porque há coisas que pertencem ao domínio da maior intimidade e que não devo mencionar. Quando diziam a Roberto que escrevesse suas memórias, ele respondia: "Não, não escreverei minhas memórias porque não poderia contar tudo."

Seria, aliás, uma iniciativa impossível querer dizer tudo, em primeiro lugar porque a lembrança é caprichosa e ela deixa na memória o que bem entende. Existe também a necessidade do respeito que devemos aos outros e também a nós próprios. A história de uma vida não é um trabalho de exibição. Não se trata de se expor totalmente ou dissecar os mais ínfimos atos de toda uma vida. Graças a Deus os seres humanos são complexos e contraditórios. As leituras que podemos fazer de uma obra podem, segundo as intenções, ser pretas ou brancas. A partir de agora, pretendo usar o tempo que me resta não a defender a memória de Roberto e sim continuar a viver o que ele principiou.

Oh! Não! Não quero me imiscuir hoje em seus negócios, se não o fiz enquanto vivíamos juntos. Foi justamente para nos prover de mais tempo que ele entregou essa tarefa aos filhos.

Desejo apenas que se lembrem, por muito tempo, de um brasileiro que realizou a proeza de dar a este país uma visibilidade e orientações que serão, por muito tempo ainda, pertinentes. Ninguém melhor do que ele compreendeu as vantagens e os riscos que representavam para um país a sua dimensão continental.

Não me rebaixarei jamais a comentar qualquer insinuação ou crítica a respeito de um homem ou de uma mulher notável. Há na natureza humana uma pulsão que leva nossos contemporâneos a querer, por vezes, adulterar, manipular as intenções e os objetivos, bem como os resultados.

Há muito tempo assumi a conduta de jamais criticar, mas isso não significa que, quando necessário, eu não ataque com argumentos que desqualifiquem os que tentaram aproveitar-se disso. Defenderei como uma loba a memória e a obra do homem que amo.

Continuarei também a tentar, sempre e como for possível, apelar para a solidariedade, procurando ajudar aqueles que acredito necessitarem de defesa e amparo. A renda deste livro é destinada à Pastoral da Criança, da doutora Zilda Arns.

Continuarei também a contribuir, se a saúde e a energia me permitirem, como Embaixadora da Boa Vontade da Unesco, para o desenvolvimento das crianças, dos infelizes, dos que não puderam estudar, dos que foram abandonados ou dos que a vida moderna atirou no caminho da droga e da delinqüência.

Sou uma avó incansável, o que me dá forças hoje para seguir adiante e ter a felicidade de vê-los crescer a meu lado. Não há maior prazer do que saber que um deles se diverte na sala ao lado com seus primos e seus colegas de escola. Do que vê-los entrar, sem serem anunciados, em meu quarto e se precipitarem em meus braços, me apertando tanto que acabam desfazendo o meu coque, reputado como sempre impecável. Não pensem que os repreendo, claro que não! Esses gestos de afeto, esses momentos de ternura infinita valem mais que mil cuidados com a aparência. A companhia dessas pequenas vidas, cheias de promessas, filhos de meu filho, é fonte dos raros prazeres que ainda experimento.

Por vezes visito meus amigos de sempre, sou-lhes fiel. Na verdade, sou mesmo uma amiga muito dedicada. No entanto, quando me sugerem conhecer novas pessoas, tenho na ponta da língua essa frase de quem já perdeu as ilusões:

— Não! Não poderia deixar entrar em minha intimidade rostos novos, histórias desconhecidas. Não será na minha idade que mudarei ou aumentarei meu círculo de amigos. Os que fazem parte de minha intimidade e que provaram ser dignos dela, assim como me fiz digna deles, irão comigo até o fim.

Não sou impaciente, apesar da ausência de Roberto, e, enquanto meu corpo e minha alma me permitirem dar um pouco de alegria e de felicidade, eu o farei. No entanto recebo inúmeras solicitações e sei que gostariam que me fizesse mais disponível, ainda mais ativa. Tenho a impressão de não fazer tudo o que deveria, que gostaria, mas é preciso compreender que não tenho mais 20 anos e que tenho, mais do que imaginam, responsabilidades de chefe de família além das outras de que já falei.

Preciso de tempo para mim, para minhas próprias reflexões, meu próprio recolhimento. Muitas vezes chego a preocupar meus próximos, pois algumas vezes basta uma data de aniversário, um evento desastroso, um ataque cruel, injustificável, gratuito, e preciso então me concentrar em mim mesma.

É difícil para muitos compreender que minha presença ao lado de Roberto, o pequeno papel que representei a seu lado, me obrigava, por respeito àqueles que recebíamos, que encontrávamos, a dar a ilusão, sempre que passava do papel de mulher ao papel oficial de esposa, de estar sempre atenta, sempre disponível, sempre o mais cordial possível. Sabemos o quanto, desde a morte de Roberto, me é penoso assumir esse papel. Dou a impressão, por estar sempre sorridente, com um ar desembaraçado que é, com freqüência, o meu, de ter superado minha dor e minha tristeza. Mas, uma vez as portas do carro fechadas e, depois, as da minha casa e do meu quarto, quando estou só, sei que não sou a única a sofrer assim; mas muitas, em minha situação, não precisam transmitir essa imagem de serenidade e de total disponibilidade.

Faço um esforço, por ELE, de ser aquela que gostaria que eu fosse. Ele não poderia imaginar que eu pudesse virar a página, na verdade, fechar o livro.

Nossa união, mesmo depois de seu desaparecimento, continua indissolúvel. Ele desejou que eu fosse Lily Marinho. Ele o quis com força, com raiva, com alegria e orgulho. Foi o que sempre me transmitiu.

Continuando a ser Lily, essa esposa e essa mulher, continuando a viver das suas lembranças e a me lembrar para poder viver, estou certa de que lá onde ele está, ou seja, bem perto de mim e em todos os lugares onde fomos tão felizes, eu lhe presto uma homenagem. Não gosto que me vejam chorar, mas hoje, ao terminar este livro, meus olhos estão vermelhos pelas lágrimas. Hoje, confessá-lo me envergonha menos do que de hábito.

Acabo de receber a carta de uma senhora de Goiás e gostaria de terminar este livro comentando o que ela me disse, trazendo uma nota de esperança, pois, se tivesse apenas uma mensagem a deixar, seria esta, que me dá a carta que chega como uma chamada à ordem. Essa senhora me diz considerar minha história de amor com Roberto como um exemplo, e que foi este exemplo que deu forças, a ela e a seu novo marido, de assumir o amor.

Ela me conta, com muito recato e delicadeza, que ele era viúvo e ela casada, mas que se amavam. Diz que, se não tivesse tomado conhecimento da decisão de Roberto de querer viver às claras seu amor por mim, nunca teria, na sua idade, nem a coragem nem a vontade de enfrentar as recriminações de sua família, as fofocas dos amigos e vizinhos. Ela nos agradece por nossa história ter sido o instrumento da decisão deles.

Estão casados há quatro anos. Sempre quis que eu soubesse de seu reconhecimento. Não sabe o que a fez, hoje, tomar a decisão, mas me fala da alegria em fazê-lo. Estranhamente, em seu *post scriptum*, insiste que essa atitude não é rara. Segundo me contou, conhece outros casais que assim se constituíram graças a nosso exemplo.

Ela acredita, conclui, que deve haver pelo Brasil muitos casos semelhantes ao seu, motivados pela decisão corajosa de Roberto.

Agradeço a essa mulher, pois a julgo sincera, e quem sabe não terá razão? Nunca é tarde demais para a felicidade, não existe fatalidade quando dois seres estão determinados a lutar para aproveitarem um amor, mesmo que tardio. Não dizem que as colheitas tardias são as melhores?

Há qualquer coisa de maravilhoso e perfeito no amor que chega na maturidade ou mesmo depois. Existe algo de libertador e de sublime numa união que soube superar os obstáculos da pressão social, dos preconceitos, das fofocas.

Fomos livres e nunca, mas nunca mesmo, me arrependi. Se, por vezes, a dor parece tomar conta de mim; se, por vezes, me encontro prestes a perder o ânimo, basta que me lembre do sorriso de Roberto, do calor de sua mão em meus ombros, do seu beijo em minha boca e me digo:

— Viva a vida! Obrigada, Roberto!

Agosto de 2004

1

1. A foto é linda. Mal me reconheço, mas gosto deste retrato de mulher na maturidade.

2

2. Este não é o meu Roberto. Mas já era bonito...

3

3. Eu tinha 16 anos. Estava no Conservatório de Teatro. Mamãe me fazia ter aulas de dança clássica e de canto. Poderia ter sido, quem sabe, uma grande atriz. Pelo menos teria aprendido a me manter ereta.

4

5

6

7

4. Hesitei ao escolher esta foto de Roberto jovem, mas não me arrependo. Que porte! Que estilo!
5. Horácio e Horacinho. Um sentia orgulho do outro. O destino encarregou-se de interferir.
6. Eu tinha 16 anos. Estava em Monte Carlo e via, à minha volta, bonitos casais dançando em iates esplêndidos. Achava que deviam ser muito felizes. Depois, aprendi a dominar as ilusões. Cuidado com o deslumbramento!
7. A morena, à esquerda, ao lado de Martha Rocha, sou eu, Lily! Não me saí tão mal assim!

8

9

10

8. Não tinha ainda um ano e já parecia decidida em meu belo landau! Minha *nurse* era muito elegante!
9. Mamãe dizia que eu tinha a aparência de um anjo. Papai dizia que o demônio continua sendo um anjo... caído.
10. Papai me comparava ao bebê Cadum, que aparece nos cartazes ao fundo. Uma marca de sabonete que fez enorme sucesso durante decênios.

11

12

13

11. Como são elegantes! Mamãe e meu filho Horacinho, nos anos 50, em Paris, no Boulevard Saint-Germain.

12. Nunca me senti, verdadeiramente, tentada pela carreira de manequim. No entanto, ao olhar esta foto... Quem sabe?

13. Meu pai é o segundo à direita, segurando um *stick*. São oficiais franceses. A França ocupava, com os aliados, o sul da Alemanha. Nasci nessa época.

14

15

16

17

---

14. Entre mim e o príncipe Czartoryski, Nelly Jaffet, bonita e charmosa. Estamos em 1942.
15. Pai e filho, Horácio e Horacinho, em Milão.
16. Ela era elegante; alguns dizem que era bela. Meu marido preferia, algumas vezes, viajar com a sogra a viajar comigo. Para mim, foi um modelo, uma amiga.
17. Meu filho, João Baptista, em Paris. Ele corre no jardim de Luxemburgo, feliz ao descobrir a França.

18

19

20

21

18. Esta foto é rara. Apesar de se conhecerem desde a juventude, existem poucas fotos de Roberto (ao centro) e Horácio (à direita). O senhor, à esquerda, é Jaffet, marido da Nelly Jaffet.

19. Este desconhecido já deve ser avô hoje. Ele vendia lindos lenços bordados, na Ilha da Madeira. Eu adorava este *manteau* de Dior.

20. Eis o meu escritório. Nenhum papel, nenhuma pasta! No entanto, aqui assino cartas e contratos. O doutor Délio, meu fiel advogado, deve ter passado por lá, antes do fotógrafo!

21. Veneza, Paraíso: nomes das fazendas históricas do Vale do Paraíba do Sul que me pertencem. Lugares que experimentaram o melhor e o pior. Por vezes acho que a princesa Isabel merecia maior reconhecimento de nossa parte.

22

23

22. Ainda não estávamos casados. Namorávamos no Canadá. Eu tinha os cabelos curtos e parecíamos gaúchos.
23. Em nossa casa, no Cosme Velho. Ao fundo, os flamingos vermelhos que foram ofertados por Fidel a Roberto. Notem que ele estava com o braço quebrado.

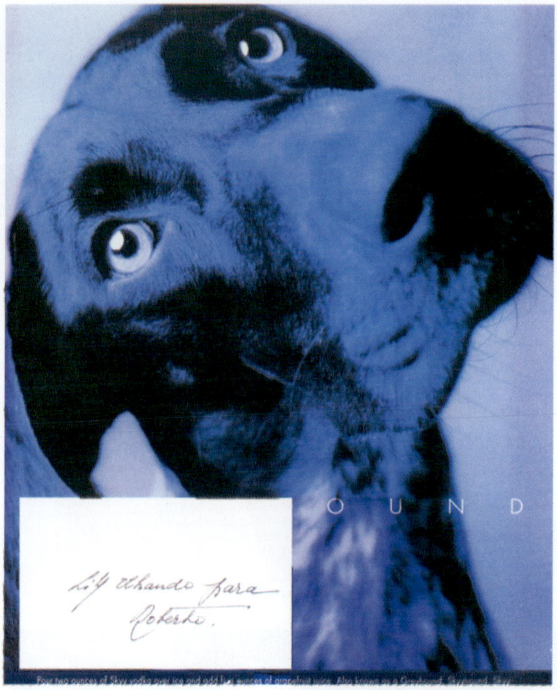

24

25

---

24. Vi, numa revista, um retrato bem original: tratava-se de um cachorro, um lindo cachorro preto, olhando seu dono adorado com uma dedicação infinita. Então, meu lado criança me fez cortar a foto e escrever uma dedicatória.

25. Ganhei um prêmio. Por acaso, já havia ganhado algum outro?

26

27

28

26. Essa foi uma das poucas vezes que voltei a montar, já que, quando tinha 14 anos, andava a cavalo no Bois de Boulogne e o cavalo disparou, voltando sozinho à estrebaria perto da Ponte Maillot, rue Spontini, em Paris. A mesma aventura aconteceu, muitos anos mais tarde, na minha fazenda. Só que dessa vez fiquei presa na porta da estrebaria, pequena demais para mim e para o cavalo.
27. Mandei plantar um milhão e setecentos mil pés de café. Essa não foi a minha melhor recompensa como fazendeira! Não me arrependo de nada. Adoro o café... O café do Brasil!
28. Roberto dizia "uma flor entre as flores", e isso me fazia rir!

29

30

31

32

29. Todos os convidados já se foram. A noite foi um sucesso, e, graças a Deus, passamos bons momentos juntos antes de dormir.
30. Meu retrato pelo grande Van Dogen. Roberto dizia: "Esta não é a minha Lily", e relegou um dos raros quadros que levei comigo para o Cosme Velho aos corredores do andar onde ficam os quartos, em vez de deixá-lo à vista dos visitantes no hall da casa. Não protestei.
31. Frances Reynolds Marinho nos havia convidado para a inauguração da exposição de Frida Kahlo. Roberto dizia que Frida tinha um bigode tão bonito quanto o dele.
32. Fernanda Montenegro no Cosme Velho. É uma dama, uma grande atriz, uma grande brasileira. (Ao fundo Lucy Barreto e Fernando Torres.)

33

34

35

33. Exposição do Monet, inaugurada em 1997, pelo presidente da França Jacques Chirac. Nunca uma exposição havia obtido tamanho sucesso no Brasil.
34. Rodin. Essa exposição, em 1996, mudou a percepção dos brasileiros em relação à cultura e aos museus.
35. Poucos sabem que Roberto tinha um belo passatempo... era um artista, um escultor!

36

37

38

39

36. Roberto gostava muito de dançar comigo.

37. Saíamos do Museu Nacional de Belas-Artes. Ao olhar mais atentamente a foto, reconheço, ao fundo, um dos seguranças... É Romaric Büel!

38. Não havia marido mais carinhoso...

39. E... nem mais engraçado!

40

41

42

40. Aqui foi nossa primeira saída em público. À direita, Ibrahim Sued, que acompanhou e participou por muito tempo do sucesso de *O Globo*.

41. Todos me diziam que ele havia mudado e estava feliz!

42. Jô Soares sabia não apenas fazer Roberto rir, mas também despertar seu interesse por mil coisas apaixonantes...

43

44

45

46

43. Acredito que não foi uma coincidência ter escolhido, no dia da posse de Roberto na ABL, um casaco ainda mais bordado que o dele e o de Ivo Pitanguy.

44. O cardeal Lucas Moreira Neves, se tivesse vivido mais tempo, poderia ter sido papa... Era um santo homem.

45. O professor Niskier cumprimentando Roberto.

46. O talento de José Sarney como escritor é por vezes relegado ao esquecimento, tamanha a importância do papel político que desempenha no Brasil.

47

48

49

50

47. Roberto recebia políticos de todos os partidos. Aqui, com José Genoino.
48. O presidente de Portugal, Jorge Sampaio, fazia parte das pessoas com quem Roberto gostava de falar do futuro.
49. Roberto, aqui com Parreira, nunca gostou muito de futebol, mas soube fazer da TV Globo o canal desse esporte.
50. João Roberto dá continuidade à tradição de cavaleiro, iniciada por seu pai. Fico muito orgulhosa!

51

52

53

51. Roberto era muito família. Prestem atenção na semelhança dele com seu filho João Roberto, apesar da diferença de idade!

52. Meu filho, João Baptista, em nosso apartamento da Avenida Atlântica. Trajando jaqueta, jeans e tênis. É impressionante como os jovens de hoje, sem exceção, usam o mesmo uniforme... Quando lhes dizemos isso, não acreditam!

53. Reunião de poderosos: Fernando Henrique, Antonio Carlos Magalhães, o cardeal dom Eugênio Salles e Garotinho, na inauguração do Parque Gráfico de *O Globo*.

54

55

56

54. Temos um ar bem endomingado para receber o presidente Fernando Henrique Cardoso. O que não impede que ele tenha comparecido assim vestido, num estilo bem carioca. Afinal, ele não nasceu no Rio? (Véspera de sua posse em 1994.)
55. Marco Maciel, Boni. Nossa casa do Cosme Velho era um formidável lugar de conversas e encontros.
56. Dona Fátima Orleans e Bragança com seu filho, Dom Gabriel, e Gilberto Chateaubriand, *habitués* do Cosme Velho. Sobrenomes que fizeram a História do Brasil. E continuam fazendo.

57

58

59

57. Meus enteados sempre foram maravilhosos comigo. Mais ainda depois do desaparecimento de Roberto. Aqui, João Roberto, José Roberto e Roberto Irineu (da esquerda para a direita).
58. Rachel de Queiroz não era apenas uma grande escritora, mas uma mulher excepcional.
59. O herdeiro do trono da Dinamarca, o príncipe Frederick, sentia-se em família conosco.

60

61

62

63

---

60. Maurice Druon, sua esposa Madeleine e meu amigo Philippe Lecourtier, embaixador da França na época deste jantar (1997). Maurice Druon obteve mais sucesso, no Brasil, com o livro *O menino do dedo verde* do que com a fabulosa saga *Os reis malditos*.

61. Leio as crônicas de Antônio Hermírio de Moraes, gosto de suas peças de teatro e admiro os resultados que obtém na Bolsa de Valores.

62. Antonio Carlos Magalhães (na foto com o filho Luís Eduardo Magalhães), Roberto e eu vivemos o mesmo drama tenebroso. Isso reforçou ainda mais nossos laços de amizade.

63. — Minha querida dona Lily.

— Senhor presidente.

64

65

66

67

64. Paulo Coelho e sua esposa. Ele é adorado em todo o mundo; talvez um pouco menos no Brasil. "Ninguém é profeta em seu país." São nossos amigos.

65. Mesmo quando, por vezes, fico triste e nostálgica, não me canso de olhar as fotos e os álbuns que retratam nossa felicidade.

66. Atrás de nós, Robertinho, o neto mais velho de Roberto, na inauguração do Parque Gráfico de *O Globo*.

67. Nossa paixão pelas artes nos unia ainda mais. Aqui, na inauguração do Pátio Lily e Roberto Marinho, no Museu Nacional de Belas-Artes do Rio de Janeiro, em 1997.

68

69

70

71

68. Minha mãe ficaria orgulhosa ao ver o embaixador da França, Michel Lévêque (1994), me entregando a ordem da Legran d'Honneur.
69. Só mesmo no Japão Roberto aceitaria uma mulher (no caso uma gueixa) sentada entre nós dois...
70. Hoje diriam: assédio sexual!
71. Bilhete carinhoso de Roberto.

72

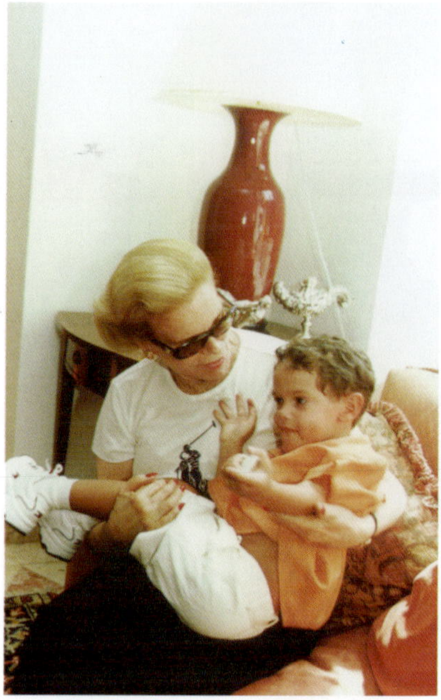

73

74

75

72. Esta foto me agrada porque gosto muito deste menino. Ele é filho de um dos meus funcionários. É um amor! Existe entre nós uma afeição que nem a idade, nem a raça, nem as condições da existência serão capazes de mudar jamais.

73. Anthony, meu terceiro neto. Desde a morte de Roberto, ele passa vários dias da semana comigo.

74. Meus netos, Philippe, Gabriela e Anthony, filhos de João Baptista. Só ficou faltando o mais novo, João Vítor.

75. Aqui, a Ponte Japonesa — que Roberto construiu atendendo a um pedido meu — sobre o rio Carioca, no Cosme Velho.

76

77

78

76. Roberto considerava a TV Globo uma segunda família.
77. Estranho retrato! No entanto é o meu, feito por Júlio Senna, grande decorador e pintor reconhecido. No dia do vernissage, fiquei um pouco desapontada ao ver-me assim retratada. Quando ele me ofereceu o quadro, bastante caro, por sinal!, disse: "Já que estou representada pela metade, quero comprá-lo pela metade do preço." Mas acabei não comprando, e hoje me arrependo.
78. Charge de Chico Caruso, na época do falecimento do Roberto. Nada a acrescentar...

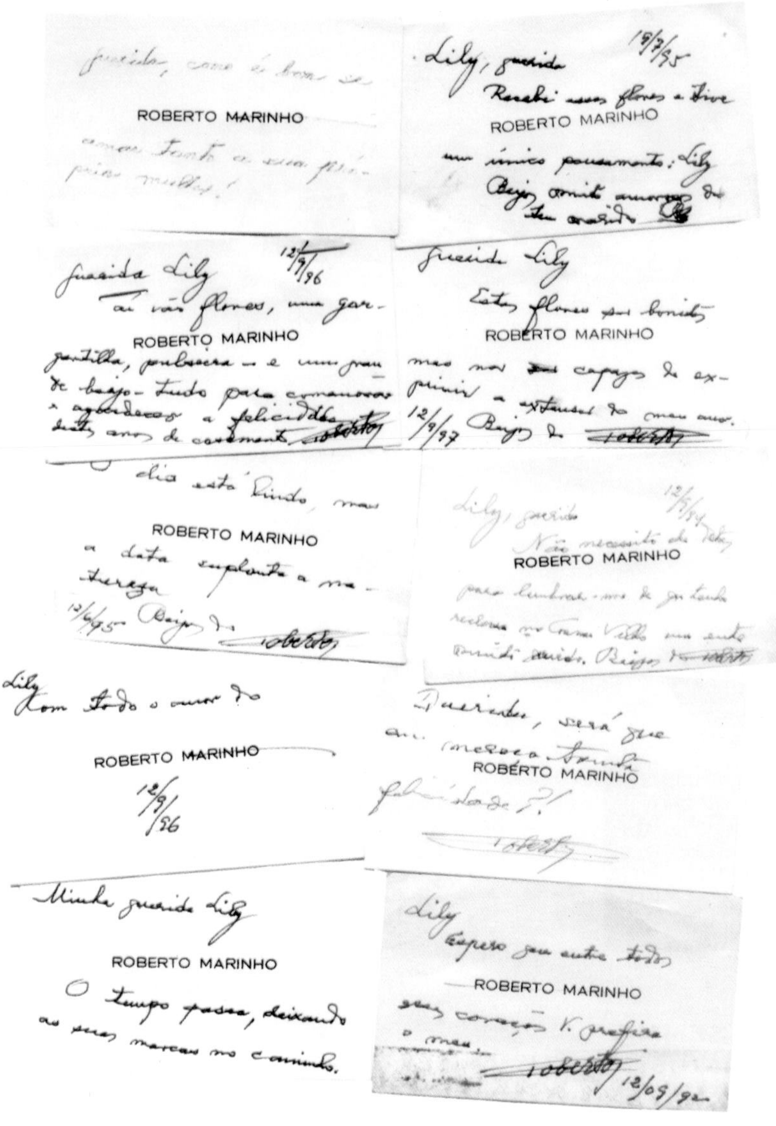

79

79. Os carinhosos cartões que guardei ao longo desse tempo juntos.

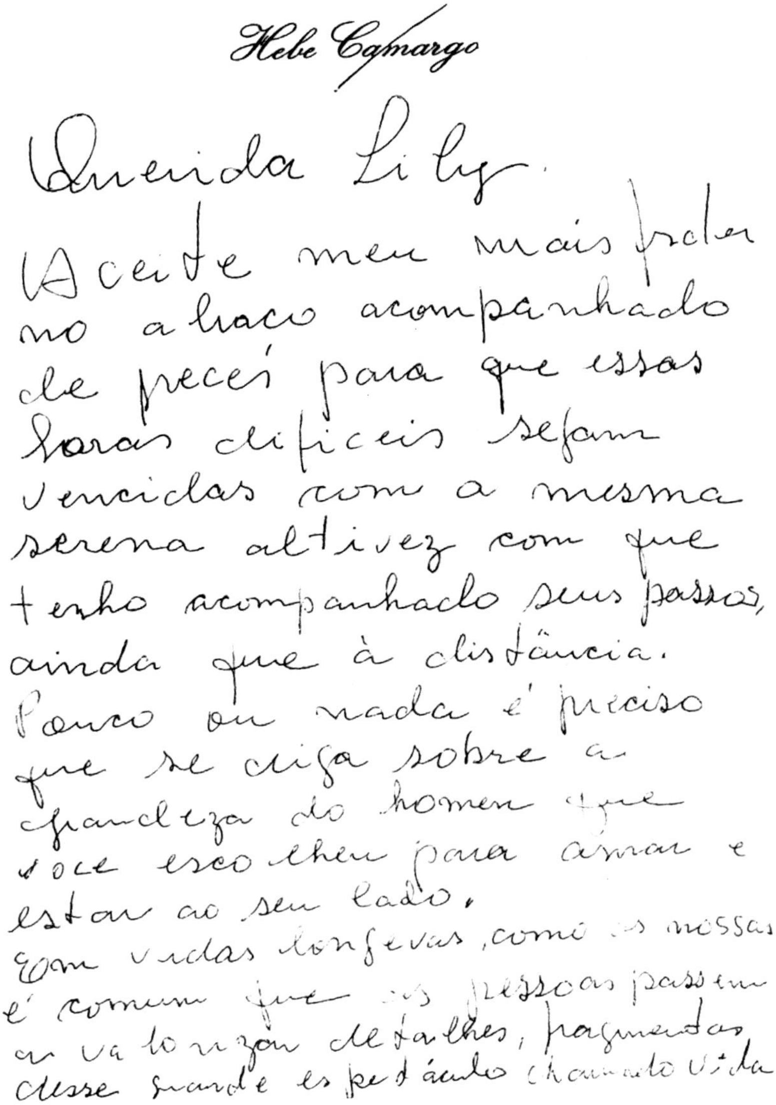
Hebe Camargo

Querida Lily.
Aceite meu mais frater-
no abraço acompanhado
de preces para que essas
horas difíceis sejam
vencidas com a mesma
serena altivez com que
tenho acompanhado seus passos,
ainda que à distância.
Pouco ou nada é preciso
que se diga sobre a
grandeza do homem que
você escolheu para amar e
estar ao seu lado.
Com vidas longevas, como as nossas
é comum que as pessoas passem
a valorizar detalhes, fragmentos
desse grande espetáculo chamado vida

80

80. A carta que Hebe Camargo me mandou, na época do falecimento do Roberto,

Hebe Camargo

E foi um instantezinho assim que me fez ter certeza de que embora com certo atraso, a vida unira pessoas que nasceram uma para a outra.

Aconteceu na única vez que tive o imenso prazer de estar com vocês.

Seu charme discreto e altaneiro monopolizava as atenções. Mas o que chamou minha atenção e ficou para sempre foi o brilho dos olhos do Roberto ao olhar para você. Era a luz de um amor sereno daqueles de que se tem certeza de que será para sempre. O homem educado e cavalheiro, dava atenção a todos, mas o coração se mostrava inteiro quando ele te olhava. Foi das constatações mais lindas que pude testemunhar.

---

me emocionou muito. Só uma mulher de grande sensibilidade...

Hebe Camargo

Era amor em estado límpido
e total!
Nada ~~sei~~ sei do amanhã mas
é provável que um amor
assim será capaz de trazer
alento e paz para os seus dias.
Que santa inveja devem sentir
as mulheres, de alguém que
foi amada assim.

Beijos,
Hebe Camargo
2003
Viva!

---

e com um grande coração poderia tê-la escrito.

Brasília, 23 de março de 2004.

Querida Lily,

Fico feliz com a notícia que você me transmite. A sua história, sua e de nosso inesquecível Roberto, é um exemplo de amor, dedicação e entrega de ambos. Um para com o outro. Transcrevê-la em um livro, penso, será um grande desafio e mais uma prova de amor.

Quanto à autorização que me pede, sabe bem você que seria absolutamente desnecessária, embora, devo admitir, me envaideça. Guardo comigo cartas recebidas do Roberto que, desde já, coloco-as à sua disposição.

Fique certa, minha amiga, que tendo a intenção de ir ao Rio, você será a primeira pessoa a saber. Será, como sempre foi, uma grande honra e prazer poder ir ao *Cosme Velho* e revê-la.

Quanto às comemorações do centenário do nascimento do Roberto, bem sabe que constituímos uma Comissão, no Senado, com este fim. Agradeço sua sugestão, pois sua participação nos preparativos e presença na solenidade serão indispensáveis.

Lily, sua carta muito me emocionou. Sua amizade, seu carinho e sua permanente gentileza comigo, você sabe, me são muito caros.

Do amigo

Antonio Carlos

PS: agradeço, de coração, a foto sua com meu filho. Logo que possível, pretendo recebê-la de suas mãos, bem como uma foto sua com Roberto.

[81]

81. Na elaboração do livro não localizamos a carta que Antonio Carlos Magalhães tinha me enviado, quando do falecimento do Roberto, mas fiz questão de publicar a autorização carinhosa que ele me mandou.

Rio de Janeiro, 20 de agosto de 2003

Prezada Senhora
Lily Marinho
Nesta

Escrevo essas linhas para tentar traduzir os meus sentimentos em relação a perda do seu marido.

Gostaria de agradecer a senhora e a sua família, a confiança depositada em minha pessoa. O Jornalista Roberto Marinho é um brasileiro que dignifica a todos nós, a nossa pátria, a nossa era.

Ao participar do tratamento deste Homem Inesquecível, me senti honrado e ao mesmo tempo agradecido pela lição de amor que constatei e vivi nos olhares e no afeto do casal. Em todas as vezes que visitei a sua casa, encontrei sempre um clima de amor, de compreensão, de carinho e respeito.

Não posso esquecer quando o Dr. Roberto, ainda consciente, mas, passando mal, não reclamou em qualquer momento da situação, simplesmente pediu:

"Lily, fique comigo"

Pode ter certeza, o Dr. Roberto foi o homem que marcou este século, e a senhora marcou o coração deste homem.

Saúde e Paz, para a senhora e familiares, são os meus sinceros votos.

CLAUDIO DOMÊNICO

[82]

---

82. O Dr. Domênico não é só um grande médico, como também um homem excepcional. Tem uma dimensão humana muito rara.

Dona Lily,

Gostaria de ter ido também, como muitos, despedir-me do Dr. Roberto Marinho em sua passagem, mas, devido a vários motivos, não foi possível. Porém, te confesso, caso presente e por acaso entrevistada, diria que este homem viveu e morreu com dignidade, mas a grande vitória dele foi uma mulher de nome Lily que ele conquistou e com quem viveu nos grandes e últimos anos de sua vida.

Sempre admirei a senhora e me manifestei antes, quando da união de vocês. É este amor transparente, puro, sincero, bem do jeitinho de mulher mineira (como sou), seu carinho no velório, sua tristeza, não como uma dama de sociedade preocupada em esconder a dor, mas de uma mulher do povo que amou seu homem e sofreu com sua partida. Suas mãos nas mãos dele, seus lábios no rosto dele num terno beijo, seu olhar distante já de saudade, só você e ele, apesar da multidão que a rodeava e, por fim, a mecha de cabelo guardada na caixinha de prata.

Obrigada, Dona Lily, pelo flagrado momento de verdadeiro amor e poesia.

Um respeito,

Lady Francisco

Lady Francisco

Rio 26/08/03

83

---

83. Após o falecimento do Roberto, recebi milhares de recados de conhecidos e de desconhecidos. Todos carinhosos e amigáveis. Lady Francisco já tinha me mandado uma carta muito gentil quando me casei com Roberto. E no entanto nós duas nunca nos encontramos.